Colección Historia de la Marina de Guerra de Venezuela
Vol. I

Espadas y Sables de la Armada de Venezuela
Siglo XX

Ramón A. Rivero Blanco

Rivero Blanco Editores
Caracas, 2016.

Colección Historia de la Marina de Guerra de Venezuela - Vol. I

Título Original: Espadas y Sables de la Armada de Venezuela – Siglo XX

Cuarta Edición, Revisada, Corregida y Ampliada, Diciembre de 2017

Autor: Ramón A. Rivero Blanco
Editorial   Rivero Blanco Editores
Diagramación   Ramón A. Rivero Blanco
Correctores   Yraida Maritza Robles Natera y Alexander E. García Madroñero
Diseño Portada y Contraportada   Heidi V. Delfino Kremp
Fotografía de la portada   Sable "Ramón Díaz Flores", Maiskell Sánchez, fotógrafa
Fotografía de la Contraportada   Plana Mayor de la Armada Nacional, 1906. Revista Militar y Naval No. 15, Agosto de 1906
E-mail   ramon.rivero.blanco@gmail.com

ISBN-13   978-1530380381
ISBN-10   1530380383

DEDICATORIA

A MIS PADRES
NIEVES, RAMÓN Y MACHELA

A MI AMOR
JOSMAR CECILIA

A MIS HERMANOS
CARLOS, GUILLERMO, JAIRO Y
MUY ESPECIALMENTE A MICHAEL DÍAZ JR.

A MIS HIJOS
CLAUDIA VALENTINA,
JUAN CARLOS, JULES JOSÉ Y ROMGERT

A la Memoria de

Francisco Javier Nieves Croes
Mi hermano de vida...

AGRADECIMIENTOS

Al VA Julio C. Lanz Castellano por sus agudas observaciones, generosidad y aporte del sable "Gomero".

Al CA Gustavo Sosa Larrazábal por su invalorable contribución al presente trabajo y por permitirnos apreciar la espada del CN Felipe Larrazábal (+).

Al CA José Manuel Jiménez Roger por su aporte fundamental a este trabajo, por su sable naval "Ghersy Gómez", por su espada de Guardiamarina y por su daga de Cadete Naval.

Al Dr. Bayardo Ramírez Monagas, poeta, por compartir su sabiduría, apoyo incondicional y por su espada "Felipe Larrazábal I".

Al Cnel. Tomás Pérez Tenreiro (+), insigne oficial venezolano, historiador militar y al que debemos el libro "Espadas" publicado por la Academia Nacional de la Historia en 1992.

Al Dr. Armando Alcántara Borges, cuya obra dedicada a las armas en Venezuela ha sido fuente de inspiración para este trabajo.

Al CN Tomás Mariño Blanco (+) por su amistad, su conocimiento y vasta experiencia.

Al Cap. e ingeniero naval Gastón Fortoul (+), hombre honorable, hijo del gran marino venezolano TN Cervelión Fortoul (+), amigo de mi familia, por sus conocimientos y demostraciones de amistad y afecto sincero.

A la publicista y fotógrafa Maiskell Sánchez por su experticia, duro trabajo y amistad de toda la vida.

Al Dr. y Cnel. Fernando Falcón Veloz por su amistad y gran aporte a mi incipiente cultura militar.

Al periodista Alfredo José Schael, amigo, por su invalorable contribución con nuestros proyectos.

Al Ing. Roberto Pérez Lecuna (+) por su gran aporte a nuestra historiografía.

Al antropólogo y marino Carlos Martín La Riva por sus aportes en la revisión de este trabajo y su incondicionalidad.

Al CN e historiador Jairo Bracho Palma por haberme apoyado con hechos y palabras en esta sublime travesía.

Al publicista Gonzalo Veloz Blanco por sus espadas, conocimientos y amistad de siempre.

A los descendientes del general en jefe Augusto Lutowsky.

Al Cap. Luis Carvallo por su amistad y profundo conocimiento de los aceros venezolanos.

Al Lic. Luis Miguel Lollet, descendiente de marinos notables, por su apoyo.

A los licenciados Jorge Berrueta S. y Raúl Jiménez M., al CC Antonio J. Briceño, al Sr. Freddy García y al resto del personal que labora en el Archivo General de la Nación sin cuyo apoyo incondicional esta obra no hubiese sido posible.

A la Lic. Flor Velazco, al Sr. Giovanny Linarez, muy especialmente al Departamento de Digitalización y al resto del personal de la Hemeroteca Nacional por su apoyo, mística y profesionalidad.

A la Fundación Museo del Transporte por abrirnos sus archivos y permitirnos usar su extensa colección de documentos y fotografías.

A los expertos coleccionistas Nicomedes Febres Luces, Benjamín Brandwijk, Julio Nass, Jorge Carlesso, Ezio Ruzzante G., Walter Flamerich, Sergio Salinas, Amado Villegas, Enrique Martínez, Manuel Barroso y Luis Rubén Uzcátegui por su apoyo y consecuencia.

Al grupo de estudios históricos "Cañoneros Navales" por sus aportes y entusiasmo.

Y a tantos otros que me apoyaron…

PRESENTACIÓN

Recientemente, digamos que en los últimos treinta años, lo "militar", ha venido adquiriendo alguna importancia como objeto del quehacer académico con proyecciones a la sociedad venezolana. Estudios como las llamadas "relaciones civiles-militares", prosopografías acerca de personalidades regionales y estudios de la organización militar como actor político a lo largo del tiempo han cautivado la atención de algunos y el rechazo de otros, en especial de aquellos que sostienen, sin miramiento alguno, que la Historia Militar de Venezuela ya fue escrita, que se ha abundado en el pasado demasiado sobre el tema, y que es tiempo de referirse a problemas historiográficos de mayor importancia.

Así las cosas, al revisar las producciones historiográficas sobre la materia, realizadas en Venezuela, nos encontramos que, más allá de parafernalias épicas o descripciones someras, es bien poco lo que sustancialmente puede llamarse Historia Militar, *estricto sensu*, dentro de tan copiosa bibliografía. La organización de los ejércitos en sus distintas épocas, el pensamiento militar coetáneo, las doctrinas estratégicas y tácticas, el armamento, la uniformología, la vexilología, el imaginario de la organización militar, simplemente permanecen sepultados en archivos polvorientos y la falta de interés por la investigación, la prisa por producir "algo" para una efemérides determinada o la simple repetición de lo anteriormente escrito, han signado los esfuerzos de escribir una Historia Militar que académica y militarmente tengan utilidad y permanencia en los estudios históricos venezolanos.

Por esas razones, y por tanto por hacer, investigar y descubrir, los pequeños detalles de la historiografía militar, no sólo alimentan la tradición de la organización encargada para la defensa, sino también enaltecen el espíritu de cuerpo de quienes adoptan como forma de vida un apostolado de sacrificios con el fin de salvaguardar la honra e independencia de la Patria y sus instituciones. La "pequeña historia", como a veces se le llama a la narración, análisis y cronología de ese tipo de producción intelectual, termina configurando una serie de elementos de base o columnas fundamentales para entender los "por qué" de determinadas tradiciones militares y las maneras, imaginarios y elementos que componen lo que en las Fuerzas Armadas del mundo entero se denominan como tradición y acervo histórico militar.

En este sentido, me complace presentar la obra de mi distinguido amigo Ramón Rivero Blanco. Con la sencillez, no exenta de picardía criolla, y minuciosidad de quien hace investigación de archivos con método y seriedad, Ramón presenta el derrotero de adopción, uso y reglamentación de los distintos modelos de sables y espadas usados en la Armada de Venezuela durante la evolución de tan importante componente militar. Desbrozando polvorientos archivos, publicaciones, fotografías, documentos y piezas de colección olvidadas en repositorios, hemerotecas y casas de familia, nuestro investigador, fiel al susurro de la tradición militar de su familia, nos muestra esa evolución tan paralela a los avatares de nuestra evolución institucional, como cualquiera de los planes proyectos o grandes adquisiciones que han jalonado el devenir de nuestra Armada, Fuerzas Navales o Marina de Guerra...

Dicen los polemólogos que la vestimenta, los usos y las tradiciones son el reflejo de las fuerzas armadas que los adoptan y dicen, también, los historiadores que aquellas organizaciones que no conocen su pasado, están predispuestas a repetir los errores en el presente y a comprometer su futuro. El libro de nuestro Ramón Rivero no solo es admonitorio en ese sentido, sino también un faro que ilumina los derroteros del navegante en tiempos de borrasca. El resto se lo dejo al lector.

Buen Viento y Buena Mar...

Fernando Falcón Veloz

Director del Doctorado en Historia UCAB
Director del Doctorado en Ciencias Políticas UCV
Egresado de la ESGN, 1991

LAS ESPADAS

A Ramón Rivero Blanco...

Amo las espadas más allá del buen tino. Unen la belleza y la muerte. Las Bellas Artes y el Arte de la Guerra. La ventura de la victoria o del triste horror de la derrota.

Fascinantes joyas de muerte. Vienen de hierro, desde el Siglo VIII a. C. de Hititas y Macedonios. Nunca antes ni después del período de gloria de las espadas, de la baja edad Media y el Renacimiento, hasta el Siglo XVIII, el hombre se esmeró tanto, para dar belleza, equilibrio y armonía, al arte y estilo delicado del alma de la Espada. Arma Princeps de muerte. Como hecho estético de hermosura.

Debí vivir en esos siglos de apogeo de capas y danzas de espadas. Padezco de una tenaz melancolía, perceptible, tenue y de vago temblor por ellas. Tengo una ardiente admiración, intemporal, amorosa y vibrante por las espadas.

Símbolo de la unión de lo Sagrado, la Espada, el Cáliz y la Cruz. Cruz y Fierro de las Cruzadas. La Magia, la Hechicería y las Artes. Talismanes de la Caballería, el Honor, la Dignidad y la Hidalguía. Son Fuerza y Carisma, Osadía y Valentía. Conocen la intimidad y sabor de la muerte. Con ellas nace el héroe, el paladín. Conjugan la vida y la muerte. La Guerra, la Paz y la Justicia. Recuerdo una pintura de Lucas Cranach el Viejo, 1537, una Justicia desnuda de tenue velo, de rostro meditativo con ojos abiertos, lleva una espada desnuda con la hoja hacia arriba en la mano derecha, apoyada al brazo con entereza. Símbolo axial y la balanza del bien y el mal en la izquierda. De ellas, la Razón con Alejandro Magno y el nudo gordiano del Poder con la espada en la piedra. Representan la Palabra, el Verbo Divino, la Lengua de Dios de doble filo, en el Apocalipsis. Emblemas de la Habilidad en Retórica y Dialéctica. Del Sexo y la masculinidad, energía generativa, la cópula y la sabiduría. La Espada y la Rosa. La espada, la serpiente, la cola del Dragón y San Jorge. Son Proteicas. Una y muchas cosas en sí misma.

En ellas, el fuego, el agua y la sangre en la maestría del temple, la forja, la herrería, la fundición, el fortalecimiento con los abatanadores sumidos como cautelosa garra en la hoja, la orfebrería y crisol. Alianza y armonía del engaste de piedras preciosas, el oro, la plata, los metales del cobre, bronce y hierro hasta el acero, combinados con el marfil, hueso y ébano entre la empuñadura, pomo, guarnición y gavilanes. En el connubio con las vainas de cuero, madera y metal, donde reposan, con el ingenio en la envergadura las hojas de filo, doble filo, aguda y cortante. Cumplen la misión de la penetración, tajo y golpe. Instrumentos sacramentales. Para la unción, acolado del caballero, ritos y ceremoniales de coronación.

Tienen regosto a perdido paraíso con ángeles de espadas flameantes. San Miguel Arcángel a espada vence al Demonio, para gloria de Dios.

Arma blanca, límpida y clara, con luz propia en el mito, la leyenda, la saga, los versos, cuentos, novelas y antiguísimas crónicas, en red de oro y palma, magia y gesta, con sus runas, conjuros, promesas y proverbios, grabados en sus fulgurantes hojas. Se enlazan Armas y Letras. Para los místicos son un sistema de símbolos. Me encanta perderme en el laberinto misterioso del catálogo increíble de fantasía y valor de las Espadas. No existen para el olvido, no sujetas a la medida del Tiempo. No puedo prescindir del asombro, pronunciando sus nombres imperecederos de numen poderoso, de linaje de acero y valentía, con aroma de laurel, son una memoria épica: Arondight de Lancelot, Caladbolg de Fergus Mac Raich, Chandras del Rey Ravana del Ramayana, Tizona del mío Cid, Croce Mort de Julio Cesar, Claiomh Solais de Nuada, Airgeadlámh de Irlanda, Cuartana de Ogier el Danés, Excalibur, la espada Cantora de Artús de Camelot y el mago Merlín, mi preferida de los Caballeros de la Mesa Redonda, Balmung de Sigfrido del Cantar de los Nibelungos, Hauteclere espada de Oliveros, héroe francés representado en la Canción de Rolando, Durandal de Roldán, paladín de Carlomagno, Fragarach, de Manannan Mac Lir y Lugh Lamfada, Zulfigar del profeta Mahoma.

Símbolo ambivalente, polar y contradictorio del estado con sentido dinámico del guerrero, acción, peligro y resplandor. La virtud, la bravura y la construcción. La maleficencia, la ignorancia y destrucción, el doble filo en relación con el poder, símbolo del combate interior y conquista del conocimiento. Arma noble de los caballeros y héroes cristianos. Eje de innumerables relaciones. Las tengo por toda mi casa, las desnudas me protegen como ángeles de la guarda de todo maleficio e infortunio.

Bayardo Ramírez Monagas

Empuñadura de la espada del Guardiamarina en vigencia desde principios de la década de 1950.

Empuñadura del sable utilizado por los oficiales de la Armada de Venezuela desde principios de la década de 1950. Hemos identificado el origen de su diseño en uno de los cuatro tipos de sables otorgados por el general Cipriano Castro a los oficiales del "Ejército Liberal Restaurador" a principios del siglo XX.

Escuela Militar y Naval, c. 1932, los oficiales navales hacia la derecha de la fotografía, teniente capitán Arturo Baute Osío, Subdirector, teniente de primera clase José María Briceño, Ayudante Contador y guardiamarina José Rafael Vale Guillen, comandante del 3er Pelotón, portando el sable "Gomero".

"...Emblema del mando, símbolo de la autoridad cuando se la lleva al frente de soldados o se dirigen pueblos, la espada es, también instrumento de redención, furia implacable de la justicia y faro de la libertad, según sea el brazo que la esgrima. En nuestras Fuerzas Armadas sólo pueden ceñírsela los limpios de la intención y del pundonor, los valientes de la lealtad y del deber cumplido, nunca para otros fines que los de garantizar la salud y la vida de la Patria y el imperio de sus instituciones..."

Palabras del coronel Juan de Dios Celis Paredes al general de brigada Isaías Medina Angarita con motivo de hacerle entrega de una valiosa espada, obsequiada por un grupo de sus compañeros de armas, en la ocasión de su ascenso a General de Brigada el 1° de enero de 1941. Abajo: vaina del sable francés M- 1882, utilizado por oficiales y suboficiales de la Armada Venezolana entre 1928 y 1945.

INTRODUCCIÓN

¿El sable de mi padre?

El presente trabajo es el fruto de una investigación que se inicia cuando hace algunos años se extraviaron los sables navales de mi padre el capitán de navío Ramón Rivero Núñez. En aquel entonces y por ventura, sólo se pudo recuperar el que lucía más antiguo, pero que a la vez, era el más hermoso y de mayor calidad. El mismo no tenía marcas que lo vincularan con la Armada de Venezuela, solo unas anclas de almirantazgo por toda identificación. Esa pérdida me ocasionó una honda tristeza, ya que esas valiosas piezas constituían otra forma de recordarlo.

Me propuse investigar el origen del hermoso sable que se recuperó y empecé, de esa manera, la reconstrucción de la historia de las espadas y sables de la Armada de Venezuela del siglo XX.

Comprobé la literalidad de la frase popular "el que no sabe es como el que no ve". Al principio para mí, todas las espadas y sables parecían iguales, pero a medida que me fui adentrando en el tema, empecé a ver detalles y formas que no veía anteriormente.

Descubrí que el sable en cuestión era de origen británico en diseño, basado en el patrón del sable de la Armada Británica de 1827 (M-1827). Lo curioso es que no podía pertenecer a la misma, porque sobre las anclas de almirantazgo, no estaba presente la corona característica de ese reino. Empecé a buscar y analizar, tanto fotografías como bibliografía, para tratar de identificar al fabricante y si había sido usado por oficiales de la Armada venezolana.

Sable del patrón de la Armada Británica, M-1827.

Hasta que un buen día me topé con un artículo de la revista británica "Navy & Army Illustrated" del 31 de enero de 1903[1], titulado "President's Castro Naval Force in Venezuela", que contenía una hermosa fotografía de la oficialidad del cazatorpedero "Bolívar", de aquel momento, y ¡cuál no sería mi sorpresa al constatar que todos los orgullosos oficiales, que posaban en la misma, portaban un sable M-1827 del mismo patrón que el de mi padre!

---

[1] Publicada mientras nuestras costas aun permanecían bloqueadas por las escuadras extranjeras.

Pero el asunto no terminó allí.

Resulta que, paralelamente, estaba investigando la vida de mi abuelo, el también oficial naval, capitán de corbeta Ramón Díaz Flores (1877 – 1926) e inmediatamente deduje que era más probable que ese hermoso acero le perteneciera a él, quién en 1902 ya era teniente de fragata.

Seguí investigando, y ya con la vista más entrenada por el estudio, me di cuenta que en una fotografía de enero de 1938 en que posaban los oficiales subalternos que estaban por partir en misión para Italia a recibir y traer los cañoneros "General Urdaneta" y "General Soublette", recién adquiridos por el gobierno de Venezuela en ese país, éstos portaban tres tipos diferentes de espadas o sables, que se pueden identificar claramente a través de sus batientes, destacados en los recuadros de la fotografía de las páginas 18 y 19.

Los oficiales de "cubierta"[2] portaban una espada parecida a la M-1852 de la Armada de los Estados Unidos, que no había "identificado" en fotografías de años anteriores, lo que probablemente significaba que eran de reciente adquisición; los oficiales de "máquinas" portaban un sable del patrón de infantería francés, M-1882, que se venía usando desde finales de los años veinte; y un solo oficial portaba el sable M-1827, al que nos referimos: Mi padre.

Espada del patrón de la Armada de los Estados Unidos, M-1852.

Sable del patrón de infantería francés, M-1882.

---

[2] En esa época las especialidades de los oficiales eran de "cubierta" o "navegación", de "máquinas" o "ingeniería", "artillería", "guarnición", pequeño contingente de tropa a bordo del buque que posteriormente evolucionaría a lo que es hoy la "infantería de marina", los "radiotelegrafistas" y los "prácticos" o enfermeros de a bordo.

M-1882
"Gomero"

Oficiales subalternos en vísperas del zarpe rumbo al puerto de Génova, Italia, el 23 de enero de 1938. En la fotografía se pueden apreciar tres tipos de espadas y sables: los de "cubierta" la espada M-1852 (subalternos), los de "máquinas" el M-1882 y sólo el guardiamarina Ramón Rivero Núñez porta el M-1827.

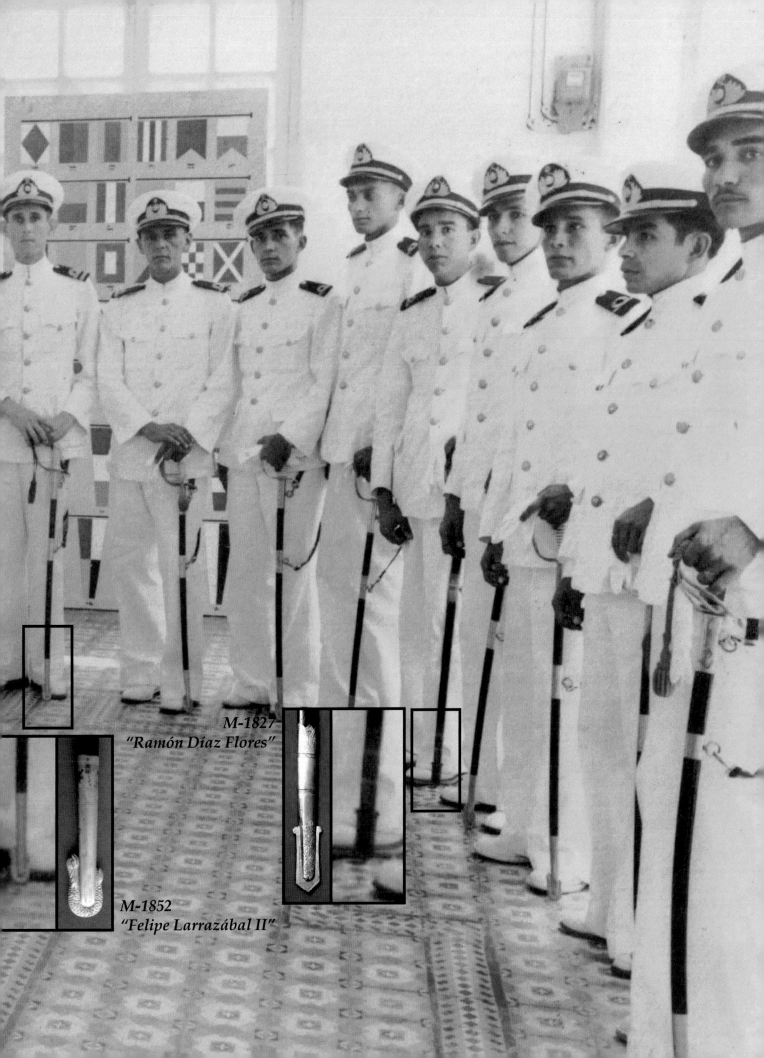

M-1827
"Ramón Díaz Flores"

M-1852
"Felipe Larrazábal II"

Acto seguido, encontré otra fotografía de marzo de 1938, tomada dos meses después de la anterior (ver páginas 22 y 23), en la que ya la Misión Naval estaba en Roma y en la cual, tanto los oficiales de "cubierta" como los de "máquinas" portaban la misma espada del patrón M-1852 para oficiales subalternos[3], y sólo mi padre portaba el sable M-1827.

Me pregunté: ¿por qué mi padre portaba un sable diferente? ¿Es que no había espadas M-1852 suficientes para dotar a todos los oficiales? Por otra parte, mi padre era el más antiguo de los oficiales de "máquinas" en esa Misión, así que, no era lógico que hubiesen dotado a los otros oficiales menos antiguos del mismo y no a él, y como mencioné anteriormente, lo más probable es que hubiese habido una adquisición reciente, ya que, evidentemente, todos portaban la espada M-1852, excepto él.[4]

Pensé que si el Director de Marina y Jefe de esa Misión, capitán de navío Felipe Larrazábal Blanco le permitía usar un sable diferente, contraviniendo la "uniformidad debida", habría de ser por una buena razón.

Consulté con el experto en historia militar venezolana, doctor y coronel (Ej.) Fernando Falcón Veloz y me dio luz en el asunto. Me refirió al libro del coronel (Ej.) Tomás Pérez Tenreiro "Memorias de mi andar viajero" en el que se evidenciaba la existencia de una tradición "no escrita" en la que se "permitía", a un oficial descendiente de otro meritorio, honrarlo portando el sable de su ancestro.

Los indicios apuntaban a que el sable del patrón M-1827, a que nos referimos, fue originalmente dotación de mi abuelo, el capitán Ramón Díaz Flores y al morir éste, lo heredó y portó mi padre en esa Misión. El capitán Felipe Larrazábal navegó incontables singladuras con el capitán Díaz Flores en sus días de la C.A. Venezolana de Navegación entre 1914 y 1923 y conocía perfectamente los méritos de su trayectoria como oficial naval, permitiendo, de esta manera, que mi padre lo honrara portando su sable.

Curiosamente, al fallecer el capitán Felipe Larrazábal el 21 abril de 1940, sus hijas heredaron su espada y muchos años después se la cedieron a su sobrino, el contralmirante Gustavo Sosa Larrazábal, quien honró al capitán Larrazábal portándola hasta su retiro, cumpliendo también, de esta forma, esa vieja tradición.

Recientemente, después de años de investigación, recolección, documentación, análisis y registro fotográfico de espadas y sables navales venezolanos, en un giro del destino, apareció el resto de los sables navales perdidos de mi padre "como por arte de magia", lo que tomé como una señal de que ya era tiempo de publicar este libro de navegación de mi travesía por la historia de las Espadas y los Sables de la Armada de Venezuela. Espero que sea de utilidad a las generaciones por venir.

---

[3] Es de hacer notar que la espada M-1852 venezolana tenía dos versiones, una para oficiales superiores, más "lujosa" y otra más "sencilla" para oficiales subalternos.
[4] Efectivamente, logré confirmar la adquisición de las espadas M-1852 en 1937, de cuyos detalles hablaré más adelante.

LA INVESTIGACIÓN

Las Espadas y Sables de la Armada

Las espadas y los sables, además de su uso primario como armas blancas, han sido vistos, desde tiempos inmemoriales, como símbolos de autoridad y mando, e inclusive, hoy en día, son utilizados por oficiales de las diferentes fuerzas armadas de todo el mundo en las ocasiones y ceremonias que así lo ameriten.

Relatar la historia de las espadas y sables de nuestra Armada no es tarea sencilla. No existe bibliografía sobre el tema ni especímenes en exhibición o disponibles para el estudio de los investigadores.

Sin tomar en cuenta las traídas por los conquistadores, las utilizadas en la colonia, en la gesta independista y en las diversas guerras civiles del siglo XIX, sólo durante el siglo XX, en nuestra Armada, se utilizaron, al menos seis espadas y/o sables de diferentes tipos con sus variantes, por razones que hemos podido identificar tales como la carencia de medios para adquirirlas, problemas de acceso a los fabricantes y suplidores, el reducido tamaño de nuestra Armada que no representaba un mercado apetecible para los fabricantes, entre otros.

En los países de tradiciones navales arraigadas, los patrones de espadas y sables navales tienden a ser constantes en el tiempo, con pequeñas variantes, ejemplos de ello: la Real Armada Británica, la Armada de los Estados Unidos, la Armada Alemana, la Armada de Italia, etc.

Para hacer un estudio de las espadas y sables navales venezolanos es necesario recurrir a métodos poco ortodoxos, por las razones mencionadas anteriormente. Hemos entrevistado oficiales y familiares de oficiales fallecidos, contactado y visitado anticuarios, dentro y fuera del país, analizado cientos de registros fotográficos y hemos cotejado la información con la bibliografía internacional disponible.

Metodología

Para los efectos de este estudio establecimos la diferencia entre la espada y el sable utilizando las respectivas definiciones del "Diccionario de la Real Academia de Lengua Española":

- *Espada:*
  Arma blanca, larga, recta, aguda y cortante con guarnición y empuñadura.

M-1827
"Ramón Díaz Flores"

M-1852
"Felipe Larrazábal I y II"

Oficiales ya en Roma en marzo de 1938. Ya todos portan la espada M-1852, en sus versiones para oficiales superiores (Felipe Larrazábal I) y subalternos (Felipe Larrazábal II), excepto el guardiamarina Ramón Rivero Núñez que continúa vortando el M-1827.

- *Sable:*

   Arma blanca, semejante a la espada, pero algo corva (curva) y por lo general de un solo corte.

Para llevar a feliz término este proyecto fue necesario el concurso de dos tareas complejas, simultáneas y complementarias, en primer lugar, la recolección y/o ubicación de los especímenes de las espadas y sables que cumplieran con el enfoque propuesto, es decir, que hayan sido utilizados por miembros de la Armada Nacional en el siglo XX y que cumplieran con las siguientes condiciones:

- **Que sean orgánicos y especiales de la Armada Nacional:**

   Son aquellos adquiridos especialmente para la Armada con la simbología característica de la misma, ej.: escudos, inscripciones, anclas de almirantazgo, animales marinos, buques de guerra, cañones, tridentes y trofeos similares.

- **Que sean orgánicos, pero no especiales para la Armada Nacional:**

   Son aquellos que no fueron adquiridos especialmente para la Armada sino para uso general de las todas las fuerzas, ej.: Armada, Ejército y Fuerza Aérea.

- **Que sean orgánicos y especiales o no de la Escuela Naval.**

   Son aquellos orgánicos especiales o no utilizados por la Escuela Naval de Venezuela.

- **Que hayan pertenecido a marinos destacados, ya sean, orgánicos, premios, obsequios o personales.**

   Son aquellos que pertenecieron a miembros destacados de la Armada Nacional, orgánicos especiales o no, o de diferente naturaleza, ej.: premios o de presentación, obsequios y/o personales.

En segundo lugar y simultáneamente a la recolección y/o ubicación de los especímenes antes descritos, fue necesaria la recolección y/o ubicación de material fotográfico, bibliográfico, documental y reglamentario en las diversas fuentes disponibles, en los archivos oficiales y privados, así como también testimoniales producto de entrevistas a oficiales y familiares de los mismos.

Por último, luego de acometer ambas tareas, con toda la información disponible, se procedió a realizar un cotejo y análisis de la misma con cada espécimen, ej.: fotografías, facturas, cotizaciones, requisiciones, asignaciones, consultas bibliográficas y testimoniales, etc. para proceder, de ser posible, a definir su clasificación y uso (gala/ceremonial y/o servicio), origen de su diseño, identificación del o los fabricantes, identificación de las versiones, situarlo cronológicamente (cualitativa o cuantitativamente), mención de circunstancias dignas de resaltar, darle una nomenclatura para fines prácticos de acuerdo a su características más resaltantes y, finalmente, describirlo de acuerdo al vocabulario convencional usado para distinguir las espadas y similares.[5] Lográndose de esta manera la creación de un acercamiento a lo que sería un inventario técnico-gráfico de las espadas y sables de la Armada de Venezuela en el siglo XX.

---

[5] No existe un vocabulario técnico único en lo que respecta a las espadas y similares, luego optamos por fusionar y añadir características regionales a diversos vocabularios técnicos existentes en castellano y les dimos cierta uniformidad, ver la página 168.

USOS CEREMONIALES

De las Espadas y Sables de la Armada

La tradiciones navales de nuestro país, son una mezcla de tradiciones españolas, inglesas, italianas y alemanas que se han ido mezclando con nuestra propia cultura a través de la conquista, la colonia, la guerra de independencia, la república, la influencia de oficiales extranjeros que vinieron a navegar en nuestros buques en los siglos XIX y XX, las diversas misiones extranjeras que asesoraron a nuestra Armada del siglo XX, las que trajeron nuestros oficiales de los cursos y misiones a las que asistieron en el exterior y sobre todo la necesidad de poseer un lenguaje del mar internacional que facilitara su tránsito e intercambios diplomáticos y bélicos con un código de honor mas o menos común a las diversas armadas que surcan los mares.

A continuación, algunas de las tradiciones navales que involucran espadas y sables navales:

- La espada o sable de mando es entregada al nuevo oficial el día de su graduación en la Escuela Naval, previa bendición por parte de un sacerdote de los mismos.

- Las espadas o sables no deben ser desenvainados dentro de una iglesia o recinto sagrado.

- En la boda de un oficial, sus compañeros oficiales se forman y hacen un arco con las espadas o sables a la salida de la iglesia por donde pasará la pareja de recién casados, posteriormente la espada o el sable del oficial cónyuge será utilizada para hacer el primer corte al pastel o torta de bodas.

- La espada o sable debe ser portado por el oficial naval cuando el ceremonial se lo exija, para ciertas comisiones, inspecciones, ceremonias, transmisiones de mando, etc.

- La "presentación de la espada o el sable" es el gesto de llevarlo con la punta hacia tierra para demostrar reconocimiento a símbolos patrios y honores a la autoridad.

- El saludo con la espada o sable se realiza desenvainándolo y extendiendo el brazo hacia el frente para luego llevar la empuñadura a la altura de la quijada y por ultimo llevar la punta a tierra.

- En el funeral de un oficial su espada o sable, sus condecoraciones y su gorra deben ser colocados sobre su ataúd hasta la salida para el lugar de su entierro.

- La entrega de la espada o sable por un oficial en combate es signo de rendición.

- Cuando el oficial es dado de baja con deshonor la tradición indica que se debe partir su espada o sable en presencia de la formación de sus compañeros.

- Cuando un oficial naval es enjuiciado por una corte marcial su espada o sable debe ser colocada frente a él de forma transversal en una mesa para tal efecto, si es hallado inocente el sable se coloca con la empuñadura hacia él, si es culpable, se coloca con la punta hacia el oficial.

Sable de origen alemán obsequiado por el general Cipriano Castro al "Ejército Liberal Restaurador" y cuya guarnición fue el origen de la que usa el sable naval en vigencia actualmente.

Sable de la Armada actualmente en uso, evolución del anterior.

Ceremonia de transmisión de mando en la Escuela Naval de Venezuela presidida por su Director, contralmirante Enrique Domínguez García, c. 1971.

*Espadas y Sables Orgánicos de
la Armada de Venezuela
Siglo XX*

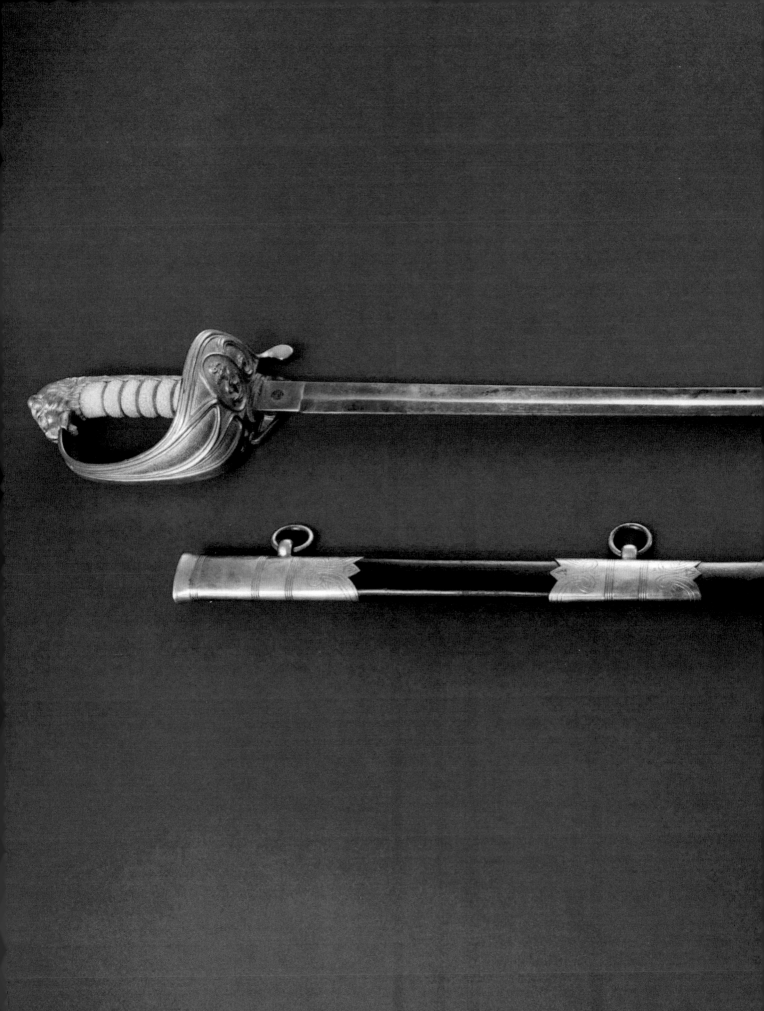

Sable "Ramón Díaz Flores"
(c. 1901 - 1928)

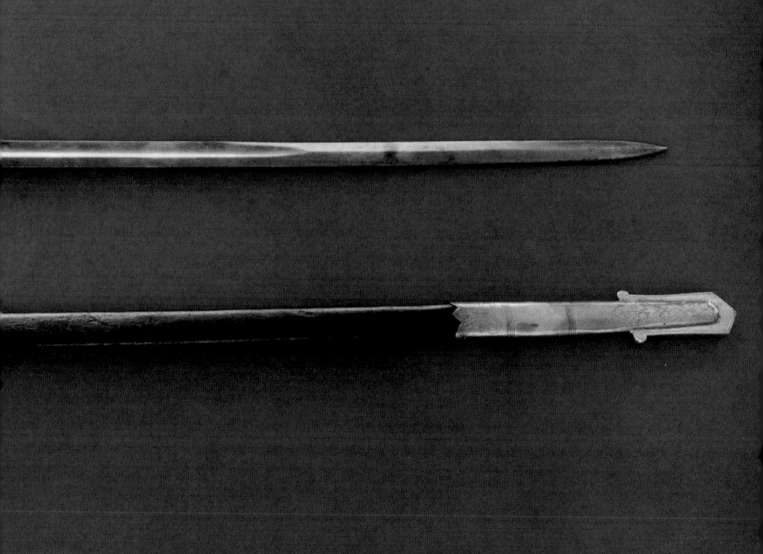

En la fotografía publicada en la revista británica "Navy and Army Illustrated" de enero de 1903, la tripulación del cazatorpedero "Bolívar" (c. 1902) evidencia el uso del sable M-1827 que llamaremos "Ramón Díaz Flores".

El sable de "Ramón Díaz Flores" (c. 1901 – 1928)

En el contexto de la reorganización de la Armada Nacional en 1901, el general Alejandro Ybarra, su Comandante General (1900 – 1903), adquirió uniformes y accesorios en Trinidad, pudiendo este sable de origen británico, haber sido adquirido en esa oportunidad.

Este sable considerado de los orgánicos y especiales para la Armada, es consistente con el patrón de la Real Armada Británica de 1827 (M-1827), con las modificaciones de 1880, es decir la adición del sistema de aseguramiento que detallaremos en la descripción.[6]

Por sus características y marca de calidad, fue probablemente manufacturado por "Wilkinson Sword" o "Charles Reeves", ambas firmas británicas. El único ejemplar del que se dispone para este trabajo posee el serial No. 6927 y perteneció al capitán de corbeta Ramón Díaz Flores (1877 – 1926), siendo posteriormente heredado por su hijo el capitán de navío Ramón Rivero Núñez (1909 – 1985) quien lo llegó a utilizar en actos protocolares.[7] Es por esto que lo designaremos, para fines de este estudio, sable "Ramón Díaz Flores".

Descripción del sable "Ramón Díaz Flores"

Es un sable de hoja de muy ligera curvatura, acerada, de 76,5 cm de longitud desde el arranque de la bigotera, que es de 3 cm de longitud. En el anverso de la bigotera se observa grabada, una estrella de seis puntas, conocida como el "Sello de David", en cuyo centro, incrustado, un círculo de metal dorado con la inscripción "PROVED" y una flor de lis, como marca de calidad. Presenta el serial Nº 6927 en la parte del lomo que corresponde a la bigotera. Guardapolvo de cuero. El ancho de la hoja es de 2,1 cm en el fuerte y de 1,7 cm en la pala. Vaceos longitudinales desde el final de la bigotera hasta la pala. En rombo desde la pala hasta la punta. Anclas de almirantazgo entre adornos en el anverso y reverso de la hoja. Lomo corrido hasta la pala. El filo corrido hasta la punta. Contrafilo de la pala hasta la punta. Los filos no han sido trabajados. Punta muy aguda.

Guarnición en metal dorado. Gavilán con galluelo curvo y redondo en su extremo, mientras el otro monta en arco con dos ramas que forman una cazoleta curvada y que se insertan en el pomo con forma de cabeza de león. En el anverso de la cazoleta presenta un ancla de almirantazgo rodeada de volutas marineras de influencia inglesa. En el reverso de la cazoleta una charnela abatible que asegura la espada a la vaina por medio de un vástago. Una perilla fija el pomo. Monterilla corrida con adorno en forma de melena de león y virola. Puño de madera recubierto con piel de tiburón y con torzal de alambre dorado.

[6] McGrath, John, "Swords for officers of the Royal Navy", Royal Navy Fencing Association, 2004.
[7] El Cnel. Tomás Pérez Tenreiro en su libro "Mi andar viajero" relata el caso del capitán don José Joaquín Jiménez quien a principios de la década de los cuarenta usaba la espada modelo 1913 de su padre el Dr. Jiménez Rebolledo, quien había sido Ministro de Guerra por 14 años.

Vaina de cuero negro. Brocal y abrazadera superior de metal dorado con anillo adornada con patrones lineales y un vástago de seguridad. Abrazadera media de metal dorado adornada con patrones lineales, con anillo. Contera de metal dorado adornada con patrones lineales y florales, batiente en forma de punta de lanza.

Correaje de patente negro, hebilla dorada con ancla al relieve.

La Dragona que usa este sable es muy particular, conocida como del patrón de la Armada Británica de 1891, y consta de dos partes: La primera, la conforma un cordón dorado y azul con broches en sus extremos para conectarse entre sí y un dispositivo en forma de nudo tejido para asegurar y ocultar esta conexión. Este cordón se introduce por dos orificios circulares que presenta la base de la cazoleta, al inicio del gavilán que forma el guardamano y luego se inserta, ya conectados sus extremos, en un orificio rectangular que se encuentra en la parte superior del guardamano, un poco antes del pomo, saliendo el cordón en forma de ojete hacia la parte exterior de la cazoleta. La segunda parte, es básicamente, una dragona convencional de cordón y bellota dorados y azules, que se anuda en el ojete antes mencionado en la parte exterior de la cazoleta y una vez hecho esto, se realiza otro nudo en forma de ocho alrededor del guardamano. Todo esto, para lograr una sujeción más segura en el combate.

El anverso de la cazoleta presenta un ancla de almirantazgo rodeada de volutas marineras de influencia inglesa. Obsérvense los dos orificios circulares en la base de la cazoleta y el orificio rectangular en la parte superior del guardamano, cerca del pomo de cabeza de león, para la sujeción de la dragona, característica de este sable del patrón de 1891 de la Armada Británica.

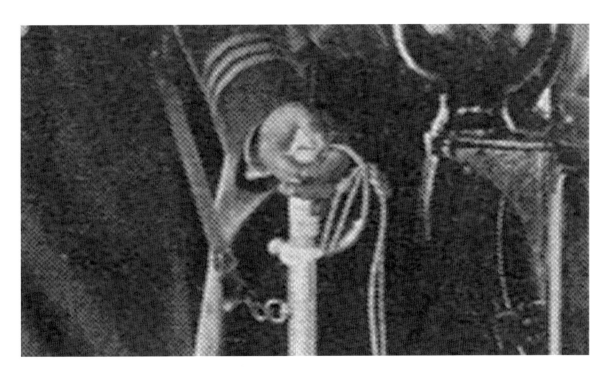

En este detalle de la fotografía de la tripulación del cazatorpedero "Bolívar" (c. 1902), se evidencia el uso de la dragona del patrón de 1891 por parte de nuestros marinos de guerra.

Detalle la dragona del patrón de 1891 de la Armada Británica.

La dragona del patrón de 1891 de la Armada Británica, usada en la Armada de Venezuela a principios del siglo XX.

El sable "Ramón Díaz Flores" y la Misión a Italia en 1938

El maquinista de 4ª Clase Ramón Rivero Núñez, honrando una vieja tradición naval, portó el sable de su padre el capitán de corbeta Ramón Díaz Flores durante su participación en la Misión naval venezolana que fue al Reino de Italia en 1938 a recibir, poner a punto y traer a los cañoneros "General Urdaneta" y "General Soublette", adquiridos en ese país.

En la fotografía desplegada en las páginas 18 y 19, tomada el 23 de enero de 1938 en la Escuela Naval situada en la calle "Los Baños", podemos observar a diecisiete de los oficiales subalternos que conformaron la Misión y los sables que portan.

Se evidencian dos tipos de sables y uno de los tipos de espadas diferentes utilizadas por la Armada de Venezuela en ese momento: doce espadas M-1852 o "Felipe Larrazábal II", portadas por los oficiales subalternos de "cubierta"; cuatro sables M-1882 o "Gomero", portadas por los "maquinistas" y un sable M-1827 o "Ramón Díaz Flores" portado por el maquinista de 4ª Clase Ramón Rivero Núñez.

Un mes después los maquinistas también serían dotados de la espada "Felipe Larrazábal II" pero el maquinista Rivero Núñez seguiría portando el sable de su padre como se puede apreciar claramente en la siguiente fotografía.

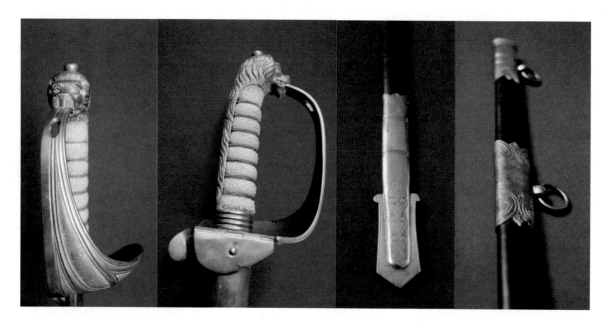

Algunos detalles: Pomo en forma de cabeza de león y su monterilla corrida con adorno en forma de melena. Charnela abatible de seguridad. Contera de metal dorado. Vaina de cuero negro. Brocal y abrazaderas, superior y media, de metal dorado, con anillos, adornadas con patrones lineales y florales.

Presenta el serial Nº 6927 en la parte del lomo que corresponde a la bigotera. Marca de calidad "PROVED" y una "flor de lis" en el centro de una estrella de seis puntas conocida como "Sello de David".

Ancla de almirantazgo entre adornos en el anverso y el reverso de la hoja.

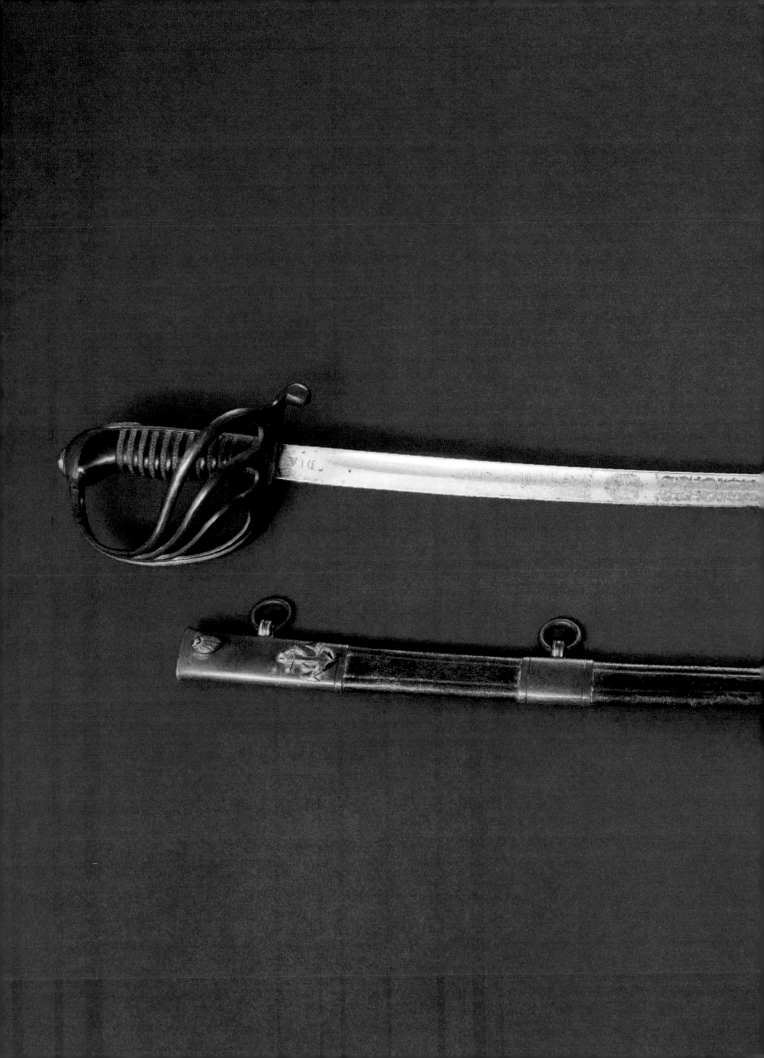

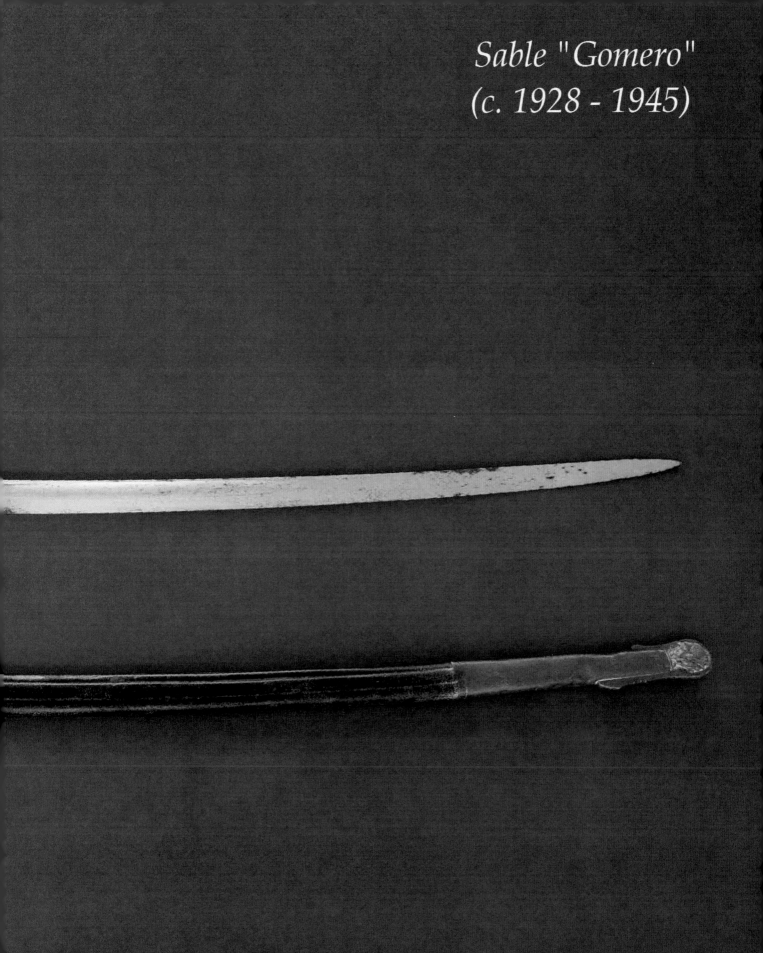

Sable "Gomero"
(c. 1928 - 1945)

El maquinista de 4ª clase Ramón
Rivero Núñez en 1932 a bordo
del cañonero "Miranda"
portando el sable "Gomero".

El sable "Gomero" (c. 1928 - 1945)

Esta pieza es un derivado del sable de oficial de infantería francés M-1882. Fue por primera vez utilizado por nuestro ejército en 1921, en una versión para conmemorar el centenario de la Batalla de Carabobo[8], fabricado por la firma alemana "Posé-Leder, Berlín". La primera versión de uso exclusivo para la Armada fue adquirida cerca de 1928, de tan mala calidad que "no tenía marcas del fabricante".[9] La segunda versión fue adquirida a principios de 1932 a la firma distribuidora alemana "Deutsche Ibero-Amerische, DIA", a través de su representante Walter Nielsen Reyes[10] de la casa fabricante alemana "Alexander Coppel, Solingen".

Lo denominaremos "Gomero", término sin mucha relación con la Armada, para fines de este trabajo, porque en el período en que fue adquirido, los Directores de Marina eran oficiales del Ejército. Lo consideramos un sable orgánico y especial para la Armada porque a pesar de que su hoja tiene la inscripción "Ejército de Venezuela", su vaina 43tiene motivos navales.

Este sable fue de doble propósito, es decir, gala/ceremonial y servicio hasta 1937, en que fueron adquiridas las espadas "Larrazábal I y II" para oficiales superiores y subalternos. A partir de ese año los oficiales navales fueron dotados con la espada de gala y el sable de servicio[11], costumbre que se mantendría hasta el primer lustro de la década de los cuarenta.

Cadetes navales portando el sable "Gomero" a bordo del cañonero "Miranda", c. 1931.

---

[8] Pérez Tenreiro, Tomás, "Ëspadas", Caracas, 1992, p.147.
[9] Comunicación del señor Walter Nielsen Reyes, representante de "DIA" Deutsche-Ibero-Amerische al Ministro de Guerra y Marina de fecha 29 de junio de 1932 sobre la compra de 100 "sables para oficiales de marina". AGN Ref. 03-01-1.5-A-0652.
[10] Ibídem.
[11] Oficio del comandante del cañonero "General Urdaneta", TN Luis Vásquez Calzadilla al Ministro de Guerra y Marina de fecha 5 de noviembre de 1940 solicitando la dotación de sables de gala y de diario/servicio a varios oficiales. AGN, Ref: 03-01-1.4-B-0751.

Descripción del sable "Gomero"

Es un sable de gala/ceremonial y servicio de hoja curva, de metal plateado, de 69, 5 cm de longitud desde el arranque de la bigotera, que es de 3 cm de longitud. En el anverso de la bigotera, grabadas, las iniciales de la firma distribuidora alemana "DIA", "Deutsche Ibero-Americhe" y en el reverso, la marca característica del fabricante con las iniciales A, C y S intercalados en una balanza y las palabras Alexander Coppel, Solingen. Posee guardapolvo de cuero. El ancho de la hoja es de 2 cm en el fuerte y de 1,7 cm en la pala. Vaceos longitudinales desde la bigotera a la pala. En rombo muy abierto desde la pala hasta la punta. En el anverso de la hoja, el "Escudo de Venezuela" de 1863, entre adornos. En el reverso, la inscripción "Ejército de Venezuela"[12], igualmente entre adornos. Lomo corrido hasta la punta. El filo no fue trabajado. Punta muy aguda.

Guarnición en metal dorado. Gavilán terminado en galluelo curvo, mientras el otro monta en arco con tres ramas que mejoran la protección y forman una cazoleta curvada. Pomo redondeado con un resalte superior. Monterilla con "Escudo de Venezuela" de 1863 bordeado por la inscripción "República de los E.E.U.U. de Venezuela", corrida y virola. Puño de material sintético de color pardo y con torzal de alambre dorado.

Vaina de cuero negro. Brocal y abrazadera superior de metal dorado con anillo adornada en su cara diestra con un botón para tahalí terminado en forma de concha marina y un ancla de almirantazgo. Abrazadera media de metal dorado con anillo. Contera de metal dorado con batiente adornada con una concha de mar estilizada.

Correaje de patente negro, hebilla dorada con ancla al relieve. Dragona de cordón dorado terminada en bellota dorada para el uniforme de gala y de cordón de cuero negro terminado en forma de piña tejida para el diario (servicio).

Monterilla con "Escudo de Venezuela" de 1863.

---

[12] Este sable también era utilizado por los oficiales del Ejército, pero la vaina era diferente, de metal plateado con abrazadera sencilla, próxima al brocal, de la que pendía un anillo de sujeción para el tiro.

  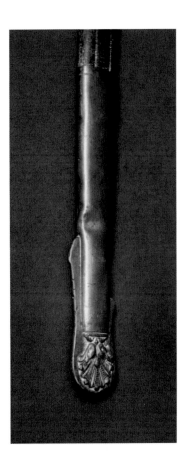

Brocal y abrazadera superior. Escudo de Venezuela de 1863, entre adornos. Contera.

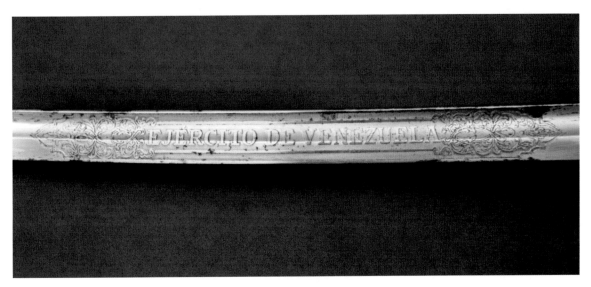

Inscripción "Ejército de Venezuela".

*Capitán de corbeta Juan José Fuentes
portando el sable "Gomero" c. 1937.*

Grabado de la distribuidora alemana "DIA", "Deutsche Ibero-Amerische".

La marca del fabricante Alexander Coppel, Solingen.

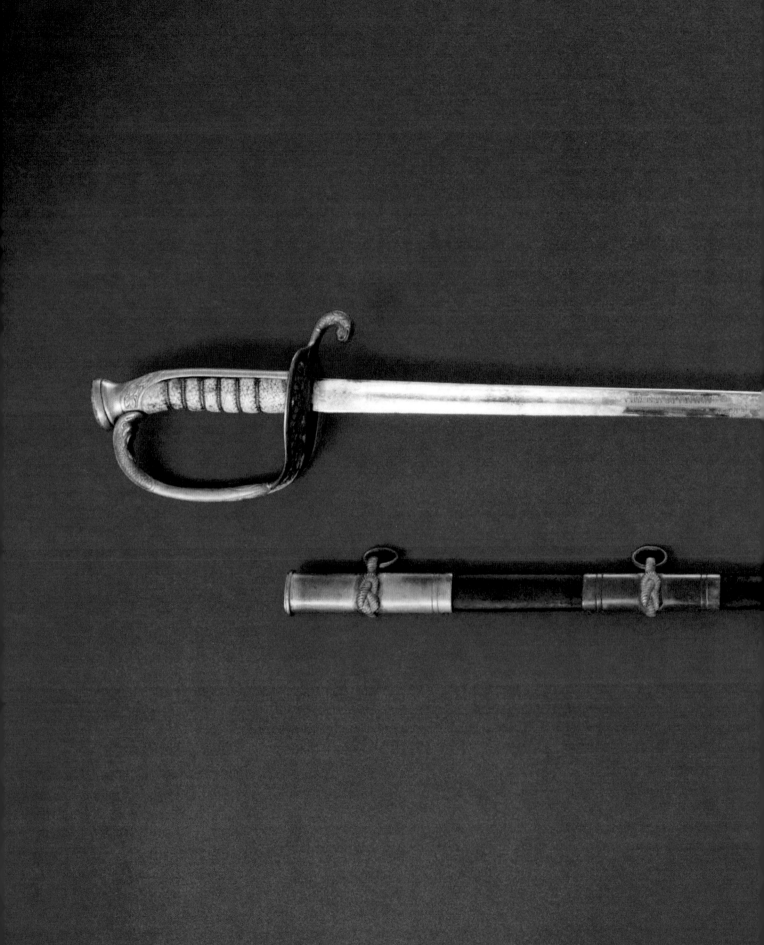

Espada "Felipe Larrazábal I"
Oficiales Superiores
(c. 1937 - 1945)

CF Miguel Fuentes Todd en uniforme de regia gala portando la espada "Felipe Larrazábal I".

La espada "Felipe Larrazábal I" para Oficiales Superiores (c. 1937 – 1945)

El capitán de fragata Felipe Larrazábal asumió el cargo de Inspector de la Armada el 2 de septiembre de 1933.[13] Inmediatamente empezó un proceso de reorganización de la misma, sistematizando las Revistas de Comisario, los inventarios de los buques y su armamento, así como también la instrucción a los oficiales, clases y marineros. Luego al ser nombrado Director de Marina[14] a principios de 1936, también introdujo muchos cambios de relevancia en dicha Dirección. La Escuela Naval se separó de la Militar y Naval y se instaló en la calle "Los Baños" de Maiquetía, se realizaron estudios de la situación de la escuadra para el momento, así como también de factibilidad de compra de buques, se incorporaron los maquinistas de las distintas clases a la categoría de oficiales efectivos con su respectiva antigüedad, se adquirieron dos buques en Italia, se uniformó el color de las naves, se adquirió también diverso material naval, que incluyó uniformes y espadas ceremoniales, entre otros.

La primera adquisición de espadas ceremoniales por parte de la administración del capitán Felipe Larrazábal, de la que hemos encontrado evidencia, fue hecha a la firma norteamericana "Krajewski – Pesant, New York"[15] y consistió en dos variantes originadas del modelo utilizado por la Armada de los Estados Unidos desde 1852 hasta nuestros días, el M-1852, que a su vez proviene del sable de infantería francés de 1845. Se consideran espadas orgánicas y especiales para la Armada.

Una de las versiones era para el uso de los oficiales superiores y la llamaremos "Felipe Larrazábal I", y otra, más sencilla, con la vaina sin nudos marinos para oficiales subalternos que denominaremos "Felipe Larrazábal II".

También se solicitaron cotizaciones a firmas alemanas e italianas, pero no tenemos evidencia de que haya habido adquisiciones.

Hacia 1940, estas espadas se comenzaron a asignar indiscriminadamente dependiendo de su disponibilidad ya que no había suficientes para dotar a los nuevos oficiales que se graduaban. De ahí la necesidad de adquirir las espadas "Antonio Picardi" con cazoleta de metal cobrizo, de las que hablaremos más adelante. En ese tiempo, no solo se utilizaron las espadas "Felipe Larrazábal I y II" y "Antonio Picardi" como espadas de ceremonial/gala, sino que también, se continuó utilizando el sable "Gomero" como sable exclusivamente de "servicio" o diario, siendo todos los oficiales dotados de una "espada de ceremonial/gala" y

---

[13] Oficio al Ministro de Guerra y Marina del Inspector de la Armada, 2 de septiembre de 1933, Legajo del AGN 03-01-1.4-B-0588.

[14] Resolución Nª 1 del Ministerio de Guerra y Marina, 4 de enero de 1936. Primer Director de Marina proveniente de la Armada.

[15] Cotización de la firma norteamericana Krajewski-Pesant de New York al Ministro de Guerra y Marina, Cnel. Isaías Medina Angarita de fecha 11 de diciembre de 1936 por sables para Oficiales Superiores y Subalternos de Marina, entre otros artículos. Legajo del AGN 03-01-1.5-A-0322.

un "sable de servicio" y ambos aceros considerados de dotación personal, es decir, que debían llevárselos consigo al ser trasladados a otras unidades.[16]

Descripción de la espada "Felipe Larrazábal I"

Es una espada ceremonial de hoja recta, de metal plateado, de 74, 5 cm de longitud desde el arranque de la bigotera, que es de 2,5 cm de longitud. No presenta marca de fábrica alguna. El ancho de la hoja es de 2 cm en el fuerte y de l,2 cm en la pala. Vaceos longitudinales desde la bigotera hasta la pala. En rombo muy abierto hasta la punta. En el anverso de la hoja la inscripción "Armada de Venezvela"[17], entre adornos. En el reverso, solo adornos. Lomo corrido hasta la pala. Filo desde el arranque de la bigotera hasta la punta. Contrafilo de la pala hasta la punta. El filo no fue trabajado. Punta muy aguda.

Guarnición en metal dorado. Gavilán que termina en forma de cabeza de animal marino, el otro monta también en forma del mismo animal y se sujeta al pomo. Dos ramas forman cazoleta plana, adornada y calada adelante. Pomo ovoidal con un ancla de almirantazgo rodeada de 23 estrellas. Monterilla corrida que llega hasta la virola. Puño revestido de material sintético y con torzal de alambre dorado.

Vaina de cuero negro. Brocal y abrazadera superior y media de metal dorado con anillos, adornadas con nudos marinos en forma de ocho. Contera en metal dorado con batiente terminado en forma de cuerpo de serpiente y cabeza de animal marino. Sin marcas visibles del fabricante. En general, la construcción de la pieza se considera de baja calidad.

Correaje dorado para Oficiales Superiores y con una franja negra en el centro para Oficiales Subalternos con hebilla dorada con ancla al relieve. Dragona de cordón dorado terminada en bellota dorada para Oficiales Superiores.

La inscripción "Armada de Venezvela" en la cara diestra de la hoja.

---

[16] Oficio del Director de Guerra al Comandante de la Brigada No. 8 de fecha 28 de octubre de 1937.
[17] El uso de la "uve" en vez de la "u" pudo haber sido un error del fabricante.

Pomo ovoidal con un ancla de almirantazgo rodeada de 23 estrellas.

Puño revestido de material sintético y con torzal de alambre dorado.

Benito Mussolini recibe a la delegación venezolana en el Palazzo Venezia en marzo de 1938. El capitán de navío Felipe Larrazábal porta la espada de oficial superior "Felipe Larrazábal I" mientras que el teniente de navío Trino Castro porta la espada de oficial subalterno "Felipe Larrazábal II". Nótense las abrazaderas de ambas vainas, una con el nudo naval y la otra sin él.

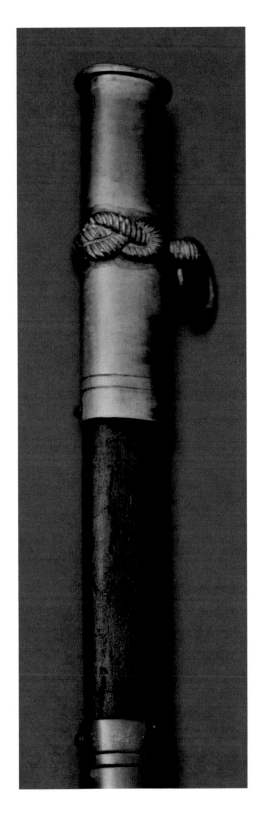 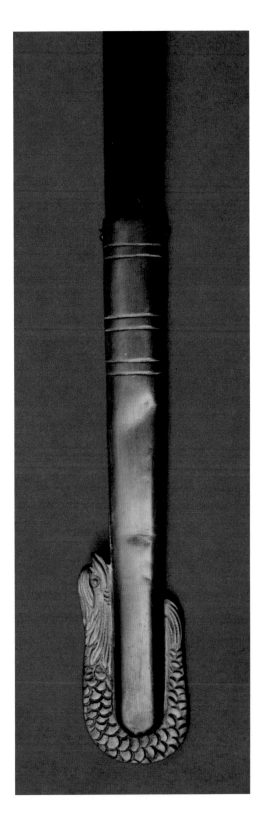

Brocal y abrazadera superior adornada con nudo marino en forma de ocho. Contera terminada en animal marino con cuerpo de serpiente y cabeza de animal marino.

A partir de 1941, las espadas "Felipe Larrazábal I y II" empezaron a ser asignadas de acuerdo a la disponibilidad sin tomar en consideración los grados superiores o subalternos. El teniente de fragata no identificado de la derecha porta una espada "Felipe Larrazábal I" sin ser oficial superior. El oficial de la izquierda es el teniente de fragata Ramón Rivero Núñez.

*Teniente de navío
Ricardo Sosa Ríos
Portando la espada
"Felipe Larrazábal I".*

Espada "Felipe Larrazábal II"
Oficiales Subalternos
(c. 1937 – 1945)

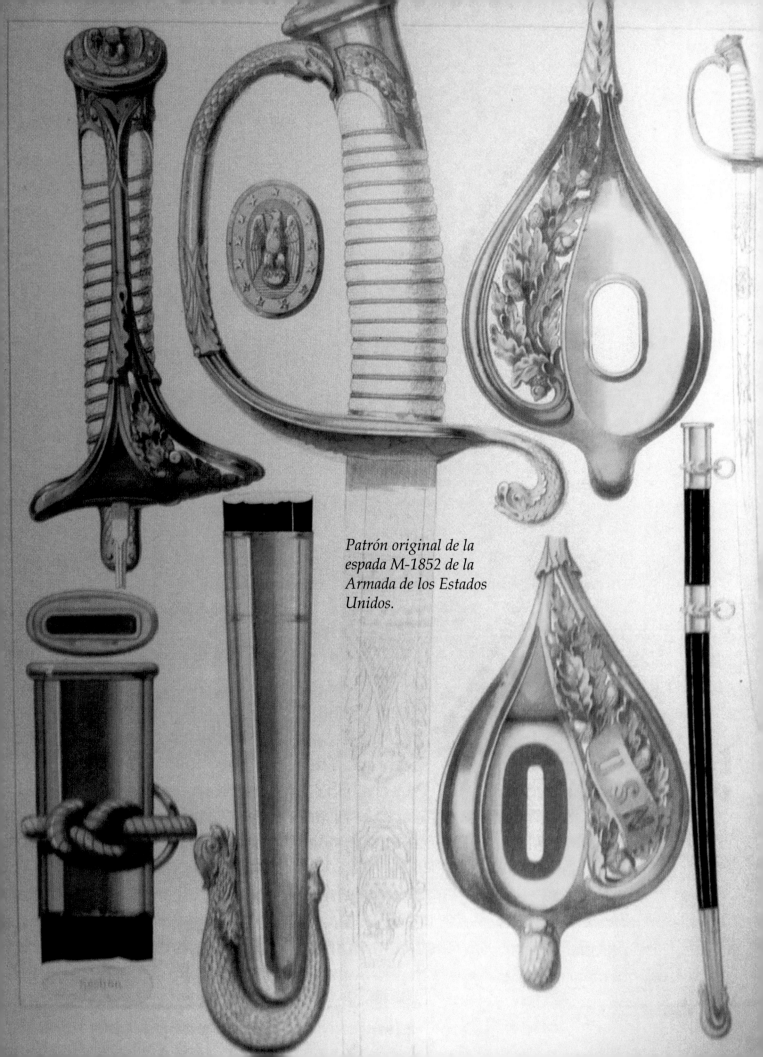

Patrón original de la espada M-1852 de la Armada de los Estados Unidos.

La espada "Felipe Larrazábal II" para Oficiales Subalternos (c. 1937 – 1945)

La espada "Felipe Larrazábal II", a semejanza de la anterior, fue adquirida a la firma norteamericana "Krajewski – Pesant, New York"[18] y era la variante para el uso de los oficiales subalternos. Las diferencias más notables con la "Felipe Larrazábal I" son: la carencia de monterilla corrida hasta la virola y una vaina más sencilla, sin nudos marinos en las abrazaderas. Su diseño también se origina en el M-1852, utilizado por la Armada de los Estados Unidos y este a su vez, como ya mencionamos anteriormente, proviene del sable de infantería francés de 1845. Se considera una espada orgánica y especial para la Armada.

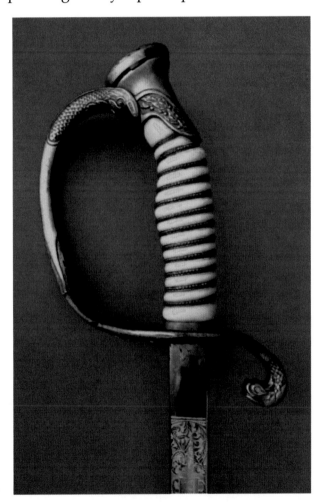

La espada "Felipe Larrazábal II no tiene la monterilla corrida hasta la virola como la "Felipe Larrazábal I".

---

[18] Cotización de la firma norteamericana Krajewski-Pesant de New York al Ministro de Guerra y Marina, Cnel. Isaías Medina Angarita de fecha 11 de diciembre de 1936 por sables para Oficiales Superiores y Subalternos de Marina, entre otros artículos. Legajo del AGN 03-01-1.5-A-0322.

Descripción de la espada "Felipe Larrazábal II"

Es una espada ceremonial de hoja recta, de metal plateado, de 79,5 cm de longitud desde el arranque de la bigotera, que es de 4 cm de longitud. No presenta marca de fábrica alguna. El ancho de la hoja es de 2 cm en el fuerte y de 1,7 cm en la pala. Vaceos longitudinales desde la bigotera hasta la pala. En rombo muy abierto hasta la punta. En el anverso de la hoja la inscripción "Armada de Venezuela", un ancla de almirantazgo y un trofeo con un tridente y una lanza, cruzados, todo esto entre adornos. En el reverso, un buque de guerra, "Escudo de Venezuela" de 1863, un trofeo con un remo, un tridente y una pica cruzados, y un cañón de avancarga con tres estandartes y tres baquetas, todo esto entre adornos. Lomo corrido hasta la pala. Filo desde el arranque de la bigotera hasta la punta. Contrafilo de la pala hasta la punta. El filo no fue trabajado. Punta muy aguda.

Guarnición en metal dorado. Gavilán que termina en forma de cabeza de animal marino, el otro monta también en forma de cabeza del mismo animal y se sujeta al pomo. Dos ramas forman cazoleta plana, adornada y calada adelante. Pomo ovoidal con un ancla de almirantazgo rodeada de 21 estrellas. Monterilla. Virola inferior. Puño revestido de material sintético y con torzal de alambre dorado.

Vaina de cuero negro. Brocal y abrazadera superior y media de metal dorado con anillos. Contera en metal dorado con batiente terminado en forma de cuerpo de serpiente y cabeza de animal marino. Sin marcas visibles del fabricante.

En general, y contrario a la lógica, la construcción de esta pieza para oficiales subalternos se considera de mejor calidad que el "Felipe Larrazábal I" para oficiales superiores. Correaje dorado con una franja negra en el centro para Oficiales Subalternos con hebilla dorada con ancla al relieve. Dragona de cordón dorado con hilos negros entrelazados terminada en bellota dorada para Oficiales Subalternos.

Inscripción "Armada de Venezuela" en el anverso de la hoja.

Oficiales subalternos portando la espada "Felipe Larrazábal II" en enero de 1938.

Ancla de almirantazgo y trofeo con tridente, pica y remo cruzados entre laureles en el anverso de la hoja.

En el reverso de la hoja encontramos un buque de guerra, el "Escudo de Venezuela" de 1863, un trofeo con tridente y lanza cruzados entre adornos y un cañón de avancarga con tres estandartes y tres baquetas cruzadas.

Pomo.

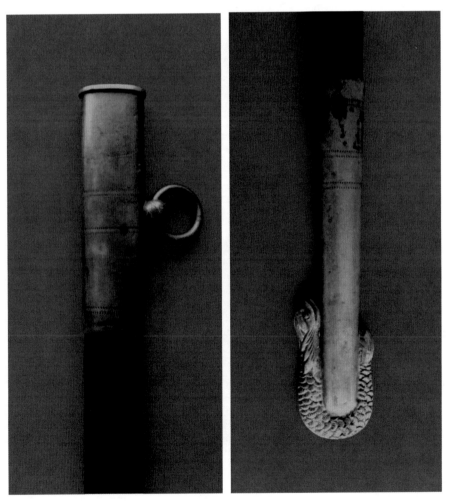

Brocal, abrazadera y contera de la espada "Felipe Larrazábal II".

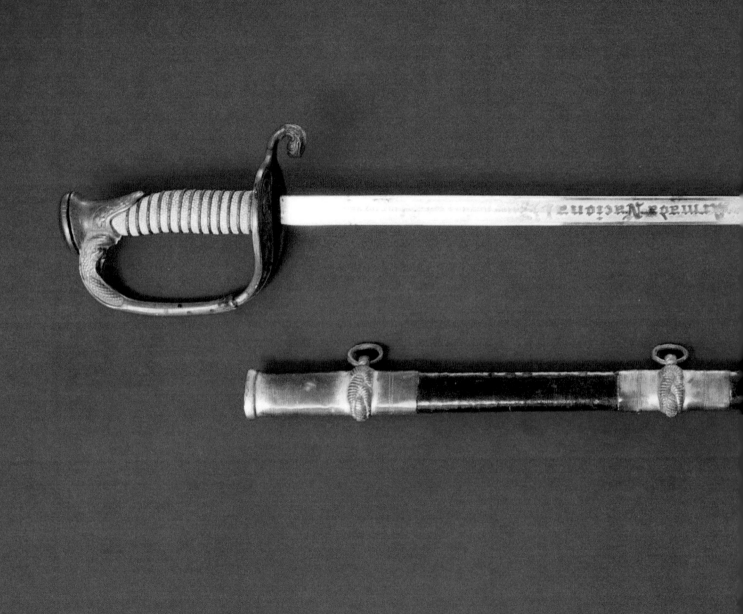

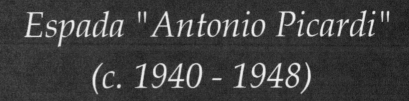

Espada "Antonio Picardi"
(c. 1940 - 1948)

Los tenientes de navío Ricardo Sosa Ríos y Daniel Gámez Calcaño portan la espada "Antonio Picardi" en una recepción a bordo del USS "Saipán" el 15 de febrero de 1948.

La espada "Antonio Picardi" (c. 1940-1948)

Al igual que las descritas anteriormente, "Felipe Larrazábal I y II", en cuanto al origen de su diseño, se considera orgánica y especial para la Armada.

Esta espada es literalmente idéntica en forma y calidad a la M-1852 de la Armada de los Estados Unidos, salvo el color cobrizo en sus accesorios y que, obviamente, los símbolos de la Armada de los EE.UU. fueron sustituidos por los de la Armada Nacional. Muestra la inscripción "MADE USA" lo que evidencia que fue elaborada en ese país. Probablemente fueron adquiridas cerca del año de 1940 al escasear las espadas para oficiales subalternos "Felipe Larrazábal II" en los albores de la administración del Director de Marina CN Antonio Picardi, es por eso, que le asignaremos el nombre de "Antonio Picardi" para facilitar su identificación (ver fotografía de la página anterior). Esta espada fue descrita por primera vez en el reglamento de Uniformes de la Armada del 9 de noviembre de 1940.

El Gavilán que termina en cabeza de animal marino, el otra monta también en forma de cabeza de animal marino y se sujeta al pomo.

Descripción de la espada "Antonio Picardi"

Es una espada de gala/ceremonial de hoja recta, de metal plateado, de 72 cm de longitud desde el arranque de la bigotera, que es de 3 cm de longitud. Presenta la inscripción "MADE USA" en el reverso de bigotera. El ancho de la hoja es de 2 cm en el fuerte y de 1,5 cm en la pala. Vaceos longitudinales desde el bigote a la pala. En rombo muy abierto hasta la punta. En el anverso de la hoja, grabada la inscripción "Armada Nacional" y un ancla de almirantazgo, entre adornos. En el reverso, el "Escudo de Venezuela" de 1863 y lo que pareciera ser la silueta de un buque de guerra, igualmente entre adornos. Lomo corrido hasta la pala. Filo desde el arranque de la bigotera hasta la punta. Contrafilo de la pala a la punta. El filo no fue trabajado. Punta muy aguda.

Guarnición en metal acabado en color cobrizo. Gavilán que termina en cabeza de animal marino, el otro monta también en forma de cabeza del mismo animal y se sujeta al pomo. Dos ramas forman la cazoleta plana, adornada y calada adelante. Pomo ovoidal plano. Monterilla. Puño revestido de material sintético y con torzal de alambre dorado.

Vaina metálica forrada en cuero negro. Abrazaderas de metal con acabado cobrizo, con anillos, adornadas con nudos marinos en forma de ocho. Brocal y abrazadera superior y media del mismo acabado, con anillos, adornadas con nudos marinos en forma de ocho. Contera en metal cobrizo con batiente terminado en forma de cuerpo de serpiente y cabeza de animal marino. Estas piezas están marcadas con números: Abrazadera superior, 85, media 85 y contera 85. En general, la construcción de la pieza se considera de mayor calidad que las "Felipe Larrazábal I y II".

Correaje dorado con una franja negra en el centro para Oficiales Subalternos con hebilla dorada con ancla al relieve. Dragona de cordón dorado terminada en bellota con hilos negros entrelazados terminado en bellota dorada para Oficiales Subalternos.

Inscripción en anverso de la hoja "Armada Nacional".

Detalles de la espada "Antonio Picardi": "Escudo de Venezuela" de 1863. Buque visto desde la popa, se aprecia un mástil, dos vergas y un pabellón. Marca de calidad y número 85 grabado en las abrazaderas y la contera. Marca "MADE USA" en el reverso de la bigotera.

Ancla de almirantazgo grabada en el anverso de la hoja.

Túnel de sables y espadas en el matrimonio del AN Félix Eduardo Villasana L. c.1950. Algunos de los oficiales navales portan la espada "Antonio Picardi".

Brocal, abrazadera superior y contera.

El contralmirante Constantino Seijas Villalobos, en un acto en la Escuela Naval de Venezuela en julio de 1967, portando una espada muy similar a la "Antonio Picardi" pero de accesorios dorados y no cobrizos posiblemente otorgada por la Academia Naval de Annapolis.

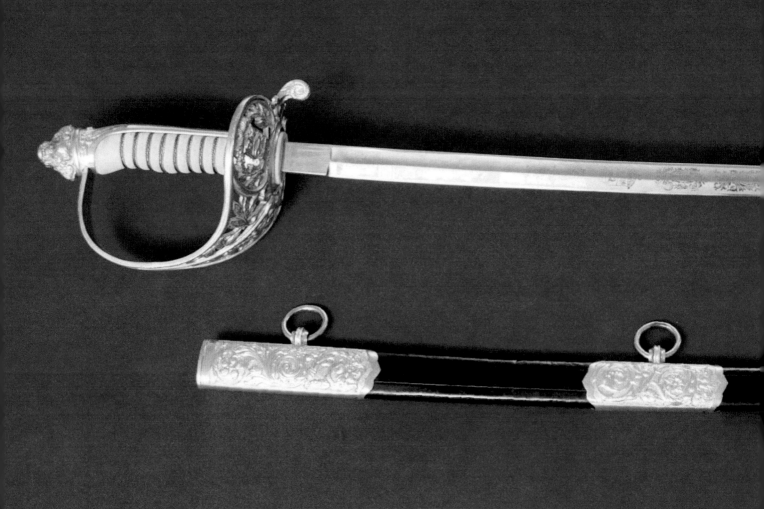

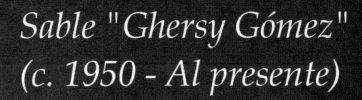

Sable "Ghersy Gómez"
(c. 1950 - Al presente)

El CA Ricardo Sosa Ríos porta el sable "Ghersy Gómez" en la ceremonia de entrega del Comando de la Escuadra el 14 de febrero de 1962.

El sable "Ghersy Gómez" (c. 1950 - Al presente)

El sable naval "Ghersy Gómez" ha permanecido en vigencia desde mediados del siglo XX hasta época reciente. Según testimonios de diversos oficiales y material fotográfico, fue incorporado por la administración del Comandante General de las Fuerzas Navales capitán de navío Oscar Ghersy Gómez, de ahí que lo hayamos designado con sus apellidos para fines de este estudio.

El diseño de su guarnición se basa en la del sable "Carl Eickhorn" No. 92, uno de los cuatro ordenados por el general Cipriano Castro para premiar a los oficiales del "Ejército Liberal Restaurador" a principios del siglo XX[19], que a su vez pareciera ser de estilo alemán.

Este sable se considera orgánico y especial para la Armada. Existe una versión que ostenta la inscripción "Premio Honor al Mérito" en la hoja y que es otorgado, al momento de su graduación de oficial, al Guardiamarina Mayor de la Escuela Naval o Academia Militar de la Armada.

Según el reglamento de uniformes de 1951 había una versión para oficiales almirantes y superiores con la guarnición en metal dorado al fuego (la que conocemos) y otra para oficiales subalternos con la guarnición en metal cobrizo, como la espada "Antonio Picardi", sin embargo no hemos podido constatarlo. Las primeras versiones de este sable fueron elaboradas por las firmas norteamericanas "Russell Uniforms, Co., New York" y "N.S. Meyer, Inc., New York". Ambas manufacturas eran prácticamente idénticas, las hojas eran de metal con un baño de níquel-cromo y las vainas, algunas de metal forrado en cuero negro, y otras de cuero cosido; algunas abrazaderas fijadas con grapas y otras con tornillos; algunas guarniciones fijadas con tuercas y otras con remaches. Posteriormente, ya en los años sesenta, destacó la firma alemana "WKC, Soligen, Germany" y empezaron a elaborar las hojas con acero inoxidable para su mejor preservación en ambiente marino, material que se sigue utilizando hasta hoy en día. También se conocen las firmas "Newtel, Miami" y "France Lames" como proveedoras de estos sables.

Inscripción grabada en el anverso de la hoja "Armada de Venezuela".

---

[19] Existieron cuatro modelos diferentes de estos sables de honor "Cipriano Castro" (I, II, III y IV"), con la inscripción "CIPRIANO CASTRO AL EJERCITO LIBERAL RESTAURADOR". Al que nos referimos específicamente, es el que hemos designado como sable de honor "Cipriano Castro I", Marca "CE" (Carl Eickhorn), Modelo "92" y que fue utilizado principalmente por oficiales de la Armada Nacional a principios del siglo XX.

Descripción del sable "Oscar Ghersy Gómez"

Sable de gala/ceremonial de hoja ligeramente curva, de 78 cm de longitud desde el arranque de la bigotera, que es de 3 cm de longitud. El ancho de la hoja es de 1,7 cm en el fuerte y de 1,4 cm en la pala. Vaceos longitudinales desde la bigotera a la pala. En rombo muy abierto hasta la punta.

DIFERENCIAS SEGUN FABRICANTE	Partes del Sable				
	Bigotera		Hoja		
	Anverso	Reverso	Material	Anverso	Reverso
Russell Uniforms, Co. New York	Sin inscripción	Marca de Fábrica	Metal Niquelado	Grabados, Escudo de Venezuela estilizado y Buque de Guerra	Inscripción "Armada de Venezuela" y un grabado de Siete Estrellas sobre Ancla de Almirantazgo con un salvavidas superpuesto
NS Meyer, Inc. , New York	Estrella de seis puntas con un inserto circular dorado con la marca de calidad "PROVED" y una flor de lis	Marca de Fábrica	Metal Niquelado	Grabados, Escudo de Venezuela estilizado y Buque de Guerra	Inscripción "Armada de Venezuela" y un grabado de Siete Estrellas sobre Ancla de Almirantazgo con un salvavidas superpuesto
WKC, Solingen, Germany	Sin inscripción	Marca de Fábrica	Metal Niquelado	Grabados, Escudo de Venezuela estilizado y Buque de Guerra	Inscripción "Armada de Venezuela" y un grabado de Siete Estrellas sobre Ancla de Almirantazgo con un salvavidas superpuesto
Newtel, Miami, USA	Logotipo Espada y rifle cruzados	Marca de Fábrica	Acero Inoxidable	Inscripción "Armada de Venezuela" y un grabado de Siete Estrellas sobre Ancla de Almirantazgo con un salvavidas superpuesto	Grabados, Escudo de Venezuela estilizado y Buque de Guerra

Presenta guardapolvo de felpa. Lomo corrido hasta la punta con adornos. El filo no fue trabajado. Punta muy aguda.

Guarnición en metal dorado y trabajada en calados. Gavilán con galluelo curvo y redondo, mientras el otro monta para insertarse en el pomo. Dos ramas paralelas forman la cazoleta con una ligera curvatura y sirven de apoyo al trofeo y al "Escudo de Venezuela" de 1836. Pomo adornado con perilla atornillada. Monterilla corrida y virola. Puño revestido de material sintético y con torzal de alambre dorado.

DIFERENCIAS SEGUN FABRICANTE	Partes del Sable		
	Vaina		Guarnición
	Material	Abrazadera	Pomo
NS Meyer, Inc. , New York	Cuero Negro	Tipo 1, sujeta con grapas	Sujeto con tuerca con hendidura.
Russell Uniforms, Co. New York	Metal forrado con Cuero Negro	Tipo 2, sujeta con tornillos	Sujeto con tuerca con hendidura.
WKC, Solingen, Germany	Metal forrado con Cuero Negro	Tipo 2, sujeta con tornillos	Sujeto con tuerca con hendidura.
Newtel, Miami	Metal forrado con Cuero Negro	Tipo 1, sujeta con tornillos	Sujeto con tuerca sin hendidura.

Brocal y abrazadera superior y media de metal dorado, adornadas, con anillos, contera de metal dorado, adornada con batiente en forma de cuerpo de serpiente. Los diferentes correajes y dragonas serán descritos más adelante en el aparte correspondiente del "Reglamento de Uniformes de 1951".

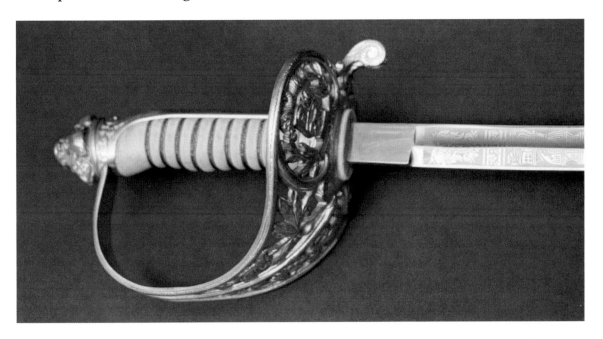

Dos aspectos de la guarnición del sable "Ghersy Gómez".

El coronel Marcos Evangelista Pérez Jiménez entrega sables a la promoción de oficiales de 1953.

En la Escuela Naval de Venezuela, el Director, CA Juan Torrealba Morales y el TN Norman Rodríguez Arias presentan a oficiales asimilados que portan el sable "Ghersy Gómez" en la Cámara de Oficiales de la Escuela Naval de Venezuela, c. 1963.

Diferencias entre las abrazaderas del tipo 1 y 2.

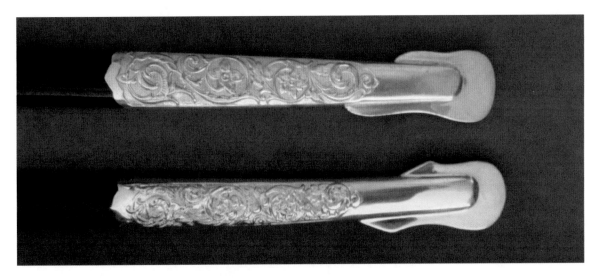

Diferencias entre las conteras del tipo 1 y 2.

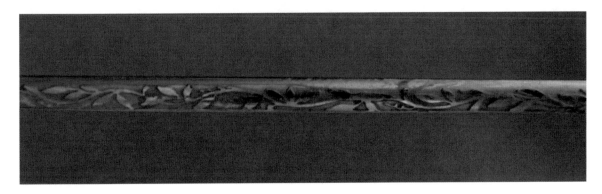

Adornos del lomo.

Trofeo en la cazoleta.

Marcas de las diversas versiones de los sables, NS Meyer, Inc. New York; Russell Uniforms, Co. New York; WKC, Solingen, Germany y Newtel, Miami, USA.

Algunos detalles grabados en la hoja: Siete estrellas encima de ancla de almirantazgo con un salvavidas superpuesto y un buque de guerra antiguo.

Réplica de la "Espada del Perú"
obsequiada al Libertador
(1955 – Al presente)

Oficiales almirantes y generales ascendidos el 5 de julio de 1957 portando las réplicas de la "Espada del Perú". El contralmirante Wolfgang Larrazábal Ugueto sería el primer oficial naval en recibirla.

La réplica de la "Espada del Perú", obsequiada al Libertador (1955 – Al presente)

En 1954, la "Espada del Perú" obsequiada al Libertador por la Municipalidad de Lima yacía depositada en el Museo Bolivariano en una vieja caja de madera con un monograma de la empuñadura desprendido y faltándole 14 brillantes desde el siglo XIX. La misma fue solicitada por el Ministerio de la Defensa para ser restaurada y, a la vez, fabricar una matriz para construir las réplicas. La "Espada del Perú" fue finalmente restaurada y depositada en una hermosa arca de madera construida especialmente para contenerla. La supervisión de este trabajo fue encomendada al teniente coronel J. M. Pérez Morales, Jefe de la Segunda Sección del Estado Mayor General, quien explicaría los detalles del mismo a la prensa, a principios de junio de 1955:

> *"Donde en el original había oro en las réplicas se ha sustituido por plata con baño de oro de 24 kilates, y donde en el original aparecen brillantes en las réplicas se sustituyó por zafiros montados en galería en la misma forma que en la espada auténtica. Los zafiros fueron cortados en los Estados Unidos de Norteamérica; las hojas hechas en Toledo, España y el trabajo de orfebrería en Venezuela."*

El orfebre catalán David Vallmitjana (1903 – 1985), radicado en Venezuela, fue el encargado de realizar tan delicada obra.

Posteriormente, el 7 de junio de 1955 el general Marcos E. Pérez Jiménez, Presidente de la República obsequió oficialmente la primera réplica de la "Espada del Perú" al general Manuel A. Odría, Presidente de esa República, en un acto solemne llevado a cabo en el Gran Salón Dorado del Palacio de Pizarro, durante su visita de estado al mencionado país.

En julio de ese mismo año se oficializó la entrega de la réplica a los oficiales que ascendieran a los grados de general y almirante, siendo el primer beneficiario de semejante honor el coronel Marcos Pérez Jiménez, con motivo de su ascenso a general de brigada. Ese mismo año Vallmitjana elaboró, en oro y diamantes, una réplica en miniatura de 33 cm de longitud que sería obsequiada por la oficialidad de las Fuerzas Armadas al general Pérez Jiménez.

El orfebre rumano Nunia Coga también elaboró, en plata bañada en oro, una fina réplica en miniatura de 27 cm de longitud, que se constituyó en obsequio del Ministerio de la Defensa por muchos años.

Wolfgang Larrazábal Ugueto fue el primer oficial de nuestra Armada en recibir la réplica al ascender a contralmirante en 1957.

Esta espada es considerada orgánica no especial para la Armada.

El contralmirante Ricardo Sosa Ríos señala en su libro "Mar de Leva" que "*A partir del 23 de enero [de 1958] en la Marina se eliminó la costumbre de entregarle a los oficiales almirantes, en el momento de su ascenso, la réplica del sable del Libertador. Los oficiales que ascendimos a la jerarquía de Almirante, el Capitán de Navío Luis Croce y yo, voluntariamente renunciamos a recibir ese sable; el Contralmirante Carlos Larrazábal en gesto de solidaridad con nosotros donó su sable al museo de la Escuela Naval." Más adelante añade "Esa joya que el Perú obsequió a Simón Bolívar debe permanecer en la historia como un símbolo de libertad para las naciones a la cual todos los venezolanos, incluyendo los almirantes, debemos admiración y respeto. Tal vez para algunos esa decisión de los que ostentábamos para la época el grado de almirante fue una impertinencia, un gesto destemplado, pero ello ha sido seguido por todos los oficiales de marina que desde entonces han alcanzado la jerarquía de almirante."*

En algún momento, que no hemos podido precisar, esta práctica se retomó en la Armada. Al principio, sólo se les entregó a los vicealmirantes y hoy en día se les hace entrega al ascender al grado de contralmirante.

Hemos visto versiones de la réplica de diferente tamaño y calidad. Sabemos que las firmas alemanas de Solingen, Eickhorn, E. & F. Hörster y WKC las han producido, así como también la fábrica Bermejo y otras firmas de Toledo, España. También ha sido fabricada en Venezuela por Insignias Santa Barbara, C.A.

Historia de la "Espada del Perú"

Sobre la historia del original de esta joya que, hoy día, permanece atesorada en el Banco Central de Venezuela junto con otras pertenencias del Libertador, existe una bibliografía que va del hecho histórico a la historia fabulada.

Podemos destacar el invalorable trabajo del investigador Don Manuel Barroso Alfaro en su libro "La Espada de Bolívar" publicado en Caracas en 1991, con los auspicios del Banco Plaza y el Ministerio de la Secretaria de la Presidencia.

El teniente coronel J. M. Pérez Morales, Jefe de la Segunda Sección del Estado Mayor General, mostró a los periodistas el original y la réplica de la espada obsequiada al libertador por el Perú y que iba a ser entregada por el coronel Marcos Pérez Jiménez al general Manuel A. Odría, en su viaje a Lima.

El coronel Marcos E. Pérez Jiménez hace entrega al general Manuel A. Odría de la réplica de la "Espada del Perú" el 7 de junio de 1954 en el Gran Salón Dorado del Palacio de Pizarro, Lima, Perú.

Se evidencia el uso de la réplica de la "Espada del Perú" por parte de los oficiales generales, más no así de los almirantes en el Hemiciclo del Congreso c. 1963.

Anverso y reverso de la guarnición de la réplica de la "Espada del Perú"

En su presentación, Barroso Alfaro afirma que "Este libro va a complementar el obsequio especial que el Presidente de la Republica hace de la réplica de la "Espada de Bolívar" a algunos Jefes de Estado, así como a los nuevos Generales y Vicealmirantes de la República…" Este concienzudo y metódico trabajo nos pasea por la historia al detalle de tan preciada joya, proporcionando, a la vez, las transcripciones de los documentos relevantes relacionados con la misma.

También conseguimos un extraordinario trabajo fabulado del Dr. Miguel Angel Itriago M. titulado "Cuando Bolívar entrevistó a Chungapoma" publicado en el 2015. Recurriendo a la "imaginación y a los sentimientos" el autor reconstruye para la historia la esencia del indio Chungapoma, gran orfebre peruano creador de la maravillosa joya.

Descripción de la "Espada del Perú"

"La Espada que regaló el Perú a Bolívar en 1825

La gloriosa Espada que regaló el Perú al Libertador en 1825, después de la victoria de Junín es sin disputa alguna el recuerdo histórico más notable que posee la América del Sur, entre los muchos que se conservan del Grande Hombre.

La Espada fue fabricada en Lima por Chungapoma en 1825 y bajo la dirección del Señor C. Freyre.

La vaina es toda ella de oro macizo de 18 quilates, con una de sus caras cinceladas y en la cual sobresalen elegantes y variados dibujos. En la parte superior de ésta, en los bordes de la entrada de la hoja, está la siguiente inscripción: "C. Freyre -Comisionado- Año de 1825", y en su parte inferior hay una serpiente de nueve pulgadas de longitud y con ojos de rubí que la abraza. El peso de la vaina es más o menos de 64 onzas.

La hoja es de acero grabado al estilo de Damasco y tiene en el reverso la siguiente inscripción: "Simón Bolívar"-"Unión y Libertad"-"Año de 1825". Mientras que en el anverso se lee: "Chungapoma me fecit in Lima". Cada una de estas inscripciones está separada por dibujos alegóricos, como trofeos de armas, laureles, genios etc., todo hecho al estilo damasquino.

La guarnición de la Espada es de un mérito indescriptible. El pomo lo constituye un bello busto de oro macizo, el Genio de la Libertad, coronado por el gorro frigio. Al contemplar el busto sobresale por su brillo el gorro, todo él formado de brillantes artísticamente colocados, sobre todo el superior de tres y medio quilates que está circundado por una corona de laurel compuesta de diamantes. El gorro contiene 155 piedras.

La empuñadura tiene la figura de dos pirámides de oro macizo truncadas y unidas por sus bases: y cada pirámide, de cuatro caras, llama la atención por las diversas obras que en ella sobresalen. En la pirámide superior se exhibe por una cara el escudo de armas del Perú, en relieve, teniendo sobrepuesta una corona de laureles tachonada de treinta brillantes. En el reverso de esta pirámide, se ve un trofeo de armas, sostenido por dos cuernos de la abundancia en relieve que derraman una cascada de brillantes. En los otros dos lados se tocan en su parte media dos racimos de palmas que penden de cada extremo y que parecen como lluvia de estrellas que descienden.

La pirámide inferior tiene en el anverso la dedicatoria siguiente: "El Perú a su Libertador", sobre fondo mate y con letras en relieve; el todo circundado por una cinta de treinta brillantes. En el reverso están el laurel y la oliva en relieve, sobre fondo mate y circundado por otra cinta de treinta brillantes; mientras en los otros dos lados se ostentan los racimos de piedras, a manera de festones. Las dos pirámides están unidas por sus bases por medio de una cinta de 18 brillantes de primer orden y sobre los cuales juega el rayo de luz de una manera que cautiva la mirada; y en sus extremos están igualmente dos cintas de brillantes, tan notables como los del centro, produciendo todo el conjunto sorprendentes efectos de luz.

Uno de los gavilanes de la cruz tiene por cada lado un brillante de primera clase; mientras en el gavilán opuesto que remata en forma de evoluta, sobresale de cada lado una constelación de brillantes.

La cazoleta es de un trabajo admirable. Es una maza de oro macizo, en figura de escudo, que llama la atención, no sólo por los brillantes que contiene, sino por la bella escultura que sobresale en su centro. Un grupo de dos indios de oro mate en relieve, sostienen con dos manos un hasta que lleva el gorro de la libertad, mientras empuñan con las manos libres dos banderas, también en relieve. Los penachos que adornan las cabezas de los indios y el gorro, son de brillantes hacinados, que aparecen como tres constelaciones sobre la hermosa masa de oro. A derecha e izquierda de este grupo hay dos palmas de laurel, tachonadas de brillantes y más al exterior, y partiendo de la base de las palmas y de la parte inferior de la cazoleta, se destacan dos hermosísimos cuernos de la abundancia, ambos engastados de brillantes y rematando por dos grandes brillantes de dos quilates cada uno.

En la unión de la cruz con la cazoleta sobresale un cintillo que contiene 34 brillantes.

El pomo, las pirámides, la orla de la dedicatoria, las palmas, los laureles, los cintillos y la cazoleta, forman un conjunto de más de 800 estrellas, todas ellas perfectamente colocadas de una manera tan bella como simétrica.

De la parte inferior del pomo se desprende un dragón de oro que llevando dos brillantes en la enroscada cola, dos rubíes por ojos y una corona de 16 brillantes en la cabeza, sostiene con su boca un florón de espigas de oro montadas de brillantes que va a encontrarse con otro florón igual que parte de uno de los gavilanes. Al unirse los dos florones para formar el arco de la empuñadura, aparece un medallón orlado de brillantes por ambos lados y que contiene en su centro estas iniciales S. B. superpuestas: ambas formadas por brillantes aglomerados.

El broche del cinturón que acompaña a esta Espada es una placa sólida de oro, en forma de rectángulo, de cuatro y media pulgadas de longitud por tres y media de ancho. Tiene en el centro un gran sol en relieve, con trece rayos que rematan cada uno con un brillante. En el centro del sol están las iniciales S. B., formadas por treinta y dos diamantes y orladas por una guirnalda de 73 brillantes. Más no termina aquí la belleza de este broche. Casi abarcando los extremos de los rayos del sol aparecen dos ramajes de laureles y palmas formadas de brillantes que se destacan de la parte inferior central del broche, unidos en sus extremos por un lazo de rubíes.

Por último, la pieza está guarnecida en todo su contorno por un cintillo que contiene 184 brillantes.

El broche solo, consta de 496 brillantes.

El cinturón se compone de tres franjas de grana bordadas en oro, con tres cargadores y tres hebillas de oro.

El total de brillantes que contiene esta célebre Espada llega a mil trescientos ochenta."[20]

Réplica en miniatura de 27 cm de longitud, elaborada en plata bañada en oro, por el orfebre rumano Nunia Coga, la cual se constituyó en un obsequio del Ministerio de la Defensa por muchos años.

[20] Blanco y Azpúrua. Documentos para la Historia de la Vida Pública del Libertador. Tomo X. Caracas, 1876. Nota del Autor: En el texto referente a las inscripciones de la hoja, se deben hacer las siguientes precisiones: En su reverso, la inscripción reza "Simón Bolívar" - "Unión y Libertad" - "Año de 1825", pero en la hoja, la palabra "Libertad" está escrita con "uve", es decir, "Livertad". En su anverso el texto completo es "Livertador de Colombia y del Perú" - "Chungapoma me fecit in Lima", y no solamente "Chungapoma me fecit in Lima".

A finales de 1955 el orfebre Vallmitjana también elaboró, en oro y diamantes, una réplica en miniatura de 33 cm de longitud que sería obsequiada por la oficialidad de las Fuerzas Armadas al general Pérez Jiménez.

El señor Vallmitjana señala los puntos en que más dificultades se le presentaron para llevar a feliz término la reducción de la histórica Espada del Perú.

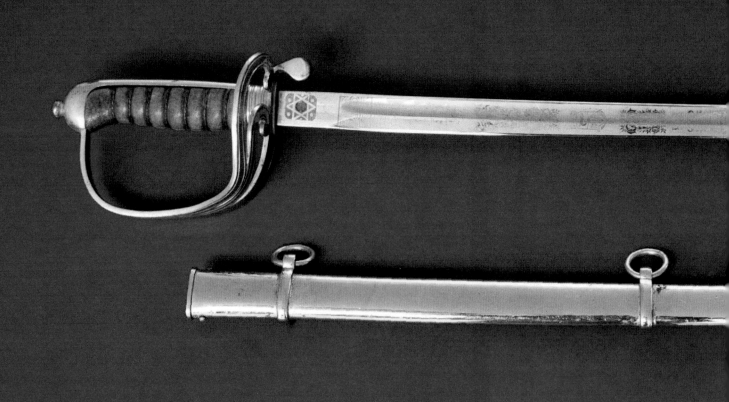

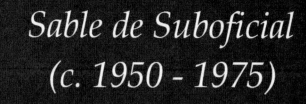

Sable de Suboficial
(c. 1950 - 1975)

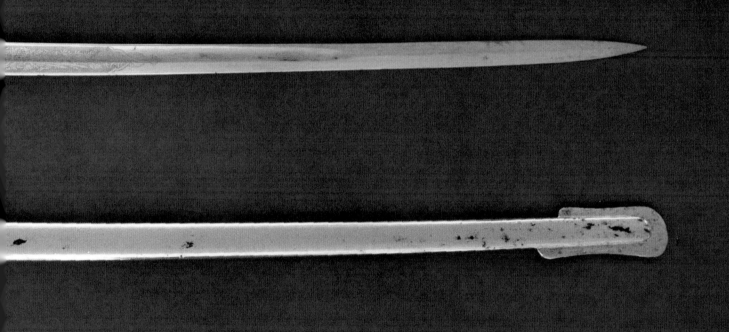

Sargento 2do. Pedro R. Vargas. Puerto Cabello, 1931, con el sable gala/ceremonial de servicio "Gomero".

El sable del Suboficial (c. 1950 – 1975)

Este sable es una evolución del de gala/ceremonial y servicio "Gomero" que no solo fue utilizado por oficiales, sino también, por los clases de la Armada Nacional de las primeras décadas del siglo XX (ver fotografía de la pág. 98). Es considerado orgánico y especial para la Armada.

Luego en el reglamento de uniformes de 1951 el sable de suboficial sería normalizado para los suboficiales técnicos y no técnicos. Según testimonios de algunos oficiales, en los años ochenta, los mandos de la Armada considerarían que no era procedente seguir entregando este sable a los suboficiales profesionales de carrera por razones que no hemos podido determinar.

Al igual que el sable "Ghersy Gómez" fue manufacturado por las firmas norteamericanas "Russell Uniforms, Co., New York" y "NS Meyer, Inc., New York" y su hoja era idéntica a la del mencionado sable.

Guarnición del sable de Suboficial.

Descripción del sable del Suboficial

Es un sable de gala/ceremonial y servicio de hoja ligeramente curva, de metal plateado, de 70 cm de longitud desde el arranque de la bigotera, que es de 3,5 cm de longitud. En el anverso de la bigotera la marca de calidad con un inserto dorado con la palabra "PROVED" y una "flor de lis" en el centro de una estrella de seis puntas, conocida como el "Sello de David", y en el reverso la marca del fabricante "N.S. Meyer, New York". El ancho de la hoja es de 2,1 cm en el fuerte y de 1,6 cm en la pala. Vaceos longitudinales desde la bigotera a la pala. En rombo hasta la punta. En el anverso de hoja, el "Escudo de Venezuela" estilizado, entre adornos. En el reverso la inscripción "Armada de Venezuela", igualmente entre adornos Lomo adornado corrido hasta la pala. El filo no fue trabajado. Punta muy aguda. Presenta guardapolvo de cuero.

Guarnición en metal plateado. Gavilán con galluelo curvo y redondeado, mientras el otro monta en arco con dos ramas que mejoran la protección de la mano y forman una cazoleta curvada. Pomo redondeado con perilla. Monterilla corrida y virola. Puño de material sintético de color negro y con torzal de alambre plateado.

Vaina de metal plateado. Brocal de metal plateado. Dos abrazaderas de metal plateado con anillos. Batiente de metal plateado en forma de cuerpo de serpiente.

Correaje de piel de cuero negro con hebilla corriente. Dragona de cordón de cuero negro, terminando en una piña en forma de bellota tejida.

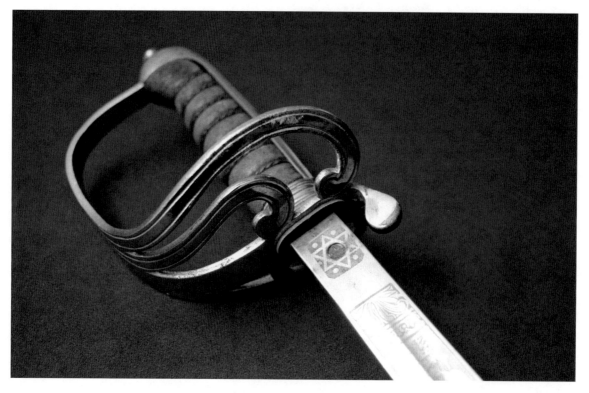

Detalle de la cazoleta del sable de Suboficial.

Ceremonia a bordo del submarino S-11 "Carite" en julio de 1961 en la que se puede apreciar un grupo de oficiales con el sable "Oscar Ghersy Gómez" y un grupo de suboficiales con sable de Suboficial.

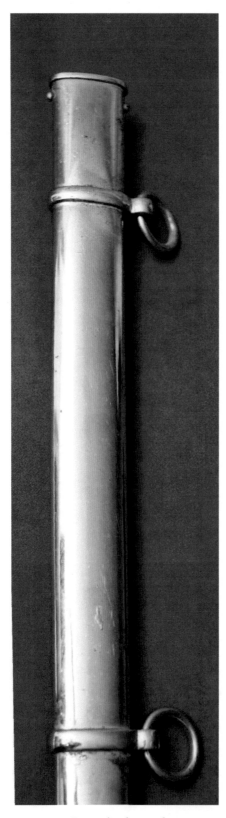 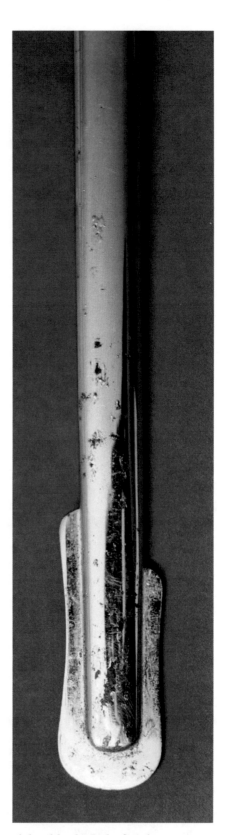

Brocal, abrazaderas y contera del sable de Suboficial.

Suboficial portando su sable en una ceremonia.

Espada del Guardiamarina

(c. 1940 - 2015)

La espada del Guardiamarina (c. 1940 - 2015)

Antes de la década de los años cuarenta, los cadetes del "curso naval", en algún momento llamados "alféreces navales" (Escuela Militar y Naval), utilizaban las espadas o sables disponibles en el momento. Es bueno recordar que el grado de "Guardiamarina" fue sustituido por el de "Alférez de Navío" como primer grado de un oficial de la Armada de Venezuela en la Ley Orgánica de las Fuerzas Armadas de 1939. A partir de ese momento el "Guardiamarina" pasaría a ser la designación de un cadete del "curso naval" o último año de la Escuela Naval.

La espada del Guardiamarina que se usaría hasta tiempos recientes, como orgánica y especial de la Escuela Naval fue instaurada en el Reglamento de Uniformes para la Armada del 9 de noviembre de 1940.[21]

Esta espada es un descendiente lejano de la *spatha* romana, arma cuya hoja medía entre 70 y 100 centímetros de longitud y era usada por la caballería (durante el período de decadencia e invasiones bárbaras), cuyo predecesor era el *gladius* romano de infantería (siglo I).[22]

Hemos visto versiones de estas espadas manufacturadas por las firmas norteamericanas "Russell Uniforms, Co., New York". "NS Meyer, Inc. New York y "Newtel, Miami, USA" y por la firma alemana "WKC, Solingen, Alemania" de muy similares características. Las hojas de las dos manufacturadas por "WKC" y "Newtel" son acero inoxidable.

Guardiamarinas en formación en 1959 portando su espada. Nótense los gavilanes extendidos.

---

[21] Ver el artículo 40° de este reglamento en la página 165.
[22] Southern, Pat, "The Roman Army: A Social and Institutional History" Oxford University Press, 2007.

Descripción de la espada del Guardiamarina

Es una espada ceremonial de hoja recta, de acero inoxidable, de 65 cm de longitud desde el arranque de la bigotera, que es de 5 cm de longitud. En el reverso de la bigotera la marca del fabricante "WKC, SOLINGEN, GERMANY". El ancho de la hoja es de 1,9 cm en el fuerte y de 1,6 cm en la pala. Vaceos longitudinales desde la mitad del primer tercio hasta la pala. En rombo abierto hasta la punta. En el anverso de la hoja, la inscripción "Escuela Naval de Venezuela", entre adornos. En el reverso, un "Escudo de Venezuela" estilizado, igualmente entre adornos. Hemos visto filo y contra filo hasta la punta. Los filos no fueron trabajados. Punta muy aguda.

Guarnición en metal dorado. Gavilanes en cruz semi-arqueados terminados en galluelos redondeados. Concha a la diestra con el "Escudo de la Escuela Naval". Pomo redondeado con adornos y perilla. Puño de metal dorado con gallones entorchados. Hemos notado que en numerosas piezas los gavilanes fueron doblados hacia adentro, no sabemos con qué propósito.

Vaina de metal plateado. Brocal y abrazadera superior y media de metal dorado, adornadas con anclas de almirantazgo y patrones lineales, con anillos, contera de metal dorado, adornada con patrones lineales y florales, batiente en forma de cuerpo de serpiente.

Correaje de cuero blanco con hebilla de metal dorado.

Anécdota de la Escuela Naval

Nos gustaría transcribir una anécdota relatada por el contralmirante Enrique Domínguez García al capitán de navío e historiador naval Jairo Bracho Palma en una entrevista:

"El Cadete que salió con el primer sable

[…]Otra vez le llegó a pasar al mismo cadete[23], se fue también sin permiso y hubo un choque, entonces él se asomó a ver, parece que un fotógrafo tomó una fotografía y la publicó en el periódico, entonces no lo pudo negar, estuvo cuatro domingos sin salida. Recuerdo otra vez a Hernández que en paz descanse, nosotros lo queríamos muchísimo, todos los cadetes le queríamos porque era un hombre muy bueno, no era veneno como Armando Medina, ni duro como lo era Cohen. En el año 1942 estando yo en tercer año, eran ellos guardiamarinas, vinieron los primeros sables para los guardiamarinas. Hernández tenía una fiesta en Caracas el sábado, pidió permiso y se lo dieron, se fue uniformado de gala con su sable, era el primer cadete que salía uniformado de gala y con sable, con la mala suerte que en la casa alguien se lo escondió y lo tiraron a la piscina, entonces tuvo que regresar a la Escuela sin sable, lo vinieron a sacar después de la piscina."

---

[23] El cadete naval era José Miguel Hernández (+), llegó al grado de capitán de navío.

Detalle de la guarnición de la espada de Guardiamarina.

Inscripción grabada "Escuela Naval de Venezuela" en el anverso de la hoja.

Brocal, las abrazaderas, la marca "Russell Uniforms Co., New York" y la contera.

Acto de graduación de la promoción del año 1959. El Comandante de la Escuadra, CN Miguel Rodríguez Olivares entrega el "Premio de Operaciones" al guardiamarina auxiliar Antonio Pérez Criollo, quien porta su espada.

Premio de conducta entregado el 24 de julio de 1964 por el Ministro de la Defensa general Ramón Florencio Gómez en presencia del Presidente de la República Raúl Leoni a un guardiamarina que porta su espada ceremonial. Nótense los gavilanes doblados hacia adentro.

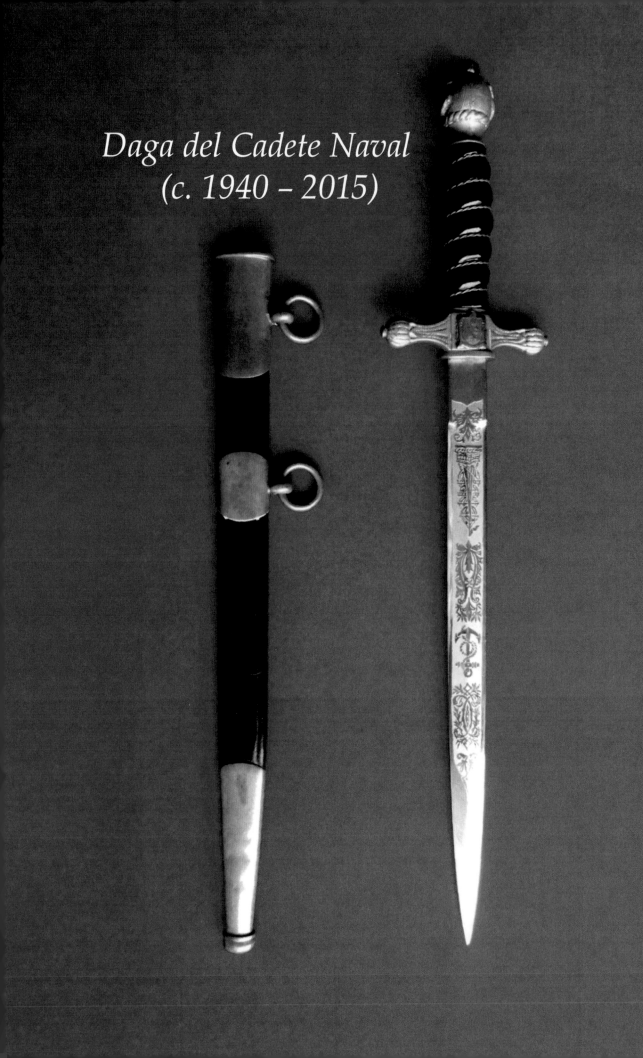

Daga del Cadete Naval
(c. 1940 – 2015)

La daga del Cadete Naval (c. 1940 – 2015)

Al igual que la espada del "Guardiamarina", la daga del "Cadete Naval" que se usaría hasta tiempos recientes, como orgánica y especial de la Escuela Naval fue instaurada en el Reglamento de Uniformes para la Armada del 9 de noviembre de 1940. Ver el artículo 40º de este reglamento en la página 165.

Este diseño se basa en la primera daga naval prusiana de ceñir de 1848, (M-1848) y ha estado en vigencia e influenciado los diseños de dagas por más de cien años. Esta daga fue orgánica y especial de la Escuela Naval.

Las dagas, según testimonios de oficiales, dejaron de utilizarse a mediados de los años setenta y luego se restauró la costumbre en 1994, hasta 2015, en que se va a reemplazar por un solo modelo de daga para todos los componentes de la Fuerza Armada Nacional Bolivariana.

Hemos visto versiones de estas dagas manufacturadas por las firmas norteamericanas "Russell Uniforms, Co., New York", "NS Meyer, Inc., New York", "Paul G. Gallin, Co., New York" y "Newtel, Miami, USA" y por la firma alemana "WKC, Solingen, Germany" de muy similares características entre todas ellas.

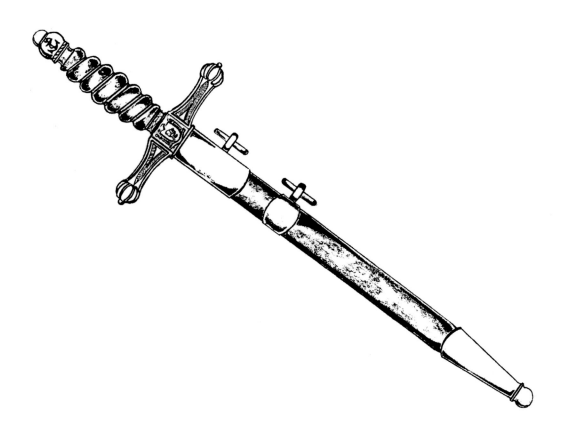

"NO ME DESENVAINES SIN RAZÓN NI ME ENVAINES SIN HONOR"

Descripción de la daga del Cadete Naval

Es un "cuteaux" o daga de gala/ceremonial de hoja recta, de metal plateado, de 22,5 cm de longitud desde el arranque de la bigotera, que es de 2,5 cm de longitud. En el reverso de la bigotera la marca del fabricante "Russell Uniforms Co., New York". El ancho de la hoja es de 1,5 cm en el fuerte y de l,3 cm en la pala. En rombo hasta la punta. En el anverso de la hoja, un galeón y un ancla de almirantazgo entre adornos. En el reverso, la inscripción "Escuela Naval de Venezuela", y en centro de la misma un "Escudo de Venezuela" estilizado, igualmente entre adornos. Filo y contra filo hasta la punta. Los filos no fueron trabajados. Punta muy aguda.

Guarnición en metal dorado. Gavilanes en cruz con galluelos redondos y adornados. En el centro de la cruz de la guarnición, en su anverso, el escudo de la "Escuela Naval de Venezuela" y en su reverso, botón liberador del mecanismo de aseguramiento de la daga a la vaina. Pomo redondeado adornado con anclas de almirantazgo en su anverso y reverso, asegurado con una perilla. Puño de material sintético negro con gallones entorchados.

Vaina de cuero negro. Brocal y abrazadera superior y media de metal dorado sin adornos, con anillos, Contera de metal dorado, batiente en forma de esfera. Correaje de cuero blanco con hebilla de metal dorado.

Correaje de cuero blanco con hebilla de metal dorado.

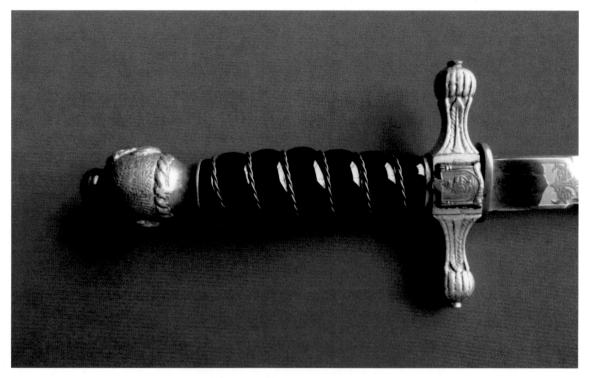

Detalle del anverso de la guarnición.

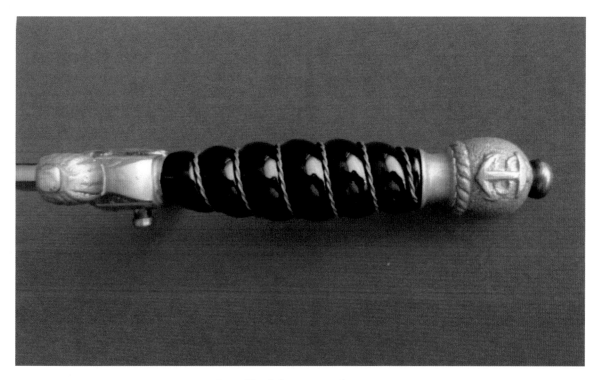

Detalle del puño y el pomo.

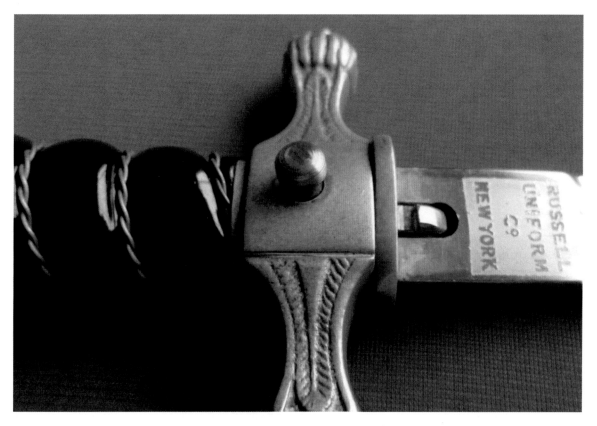

Detalle del botón liberador en el reverso de la guarnición.

Bendición de dagas por el capitán de corbeta (a) Diógenes Morales Capellán de la Escuela Naval de Venezuela en julio de 1964.

Entrega de dagas a los cadetes de primer año por parte del contralmirante Constantino Seijas Villalobos.

Ancla de almirantazgo y buque de guerra grabados en el anverso de la hoja.

Inscripción grabada en el reverso de la hoja.

Una réplica del espadín del Mariscal de Ayacucho, Antonio José de Sucre sustituyó a las dagas de todas las academias militares, incluyendo la de la Armada a partir de 2016.
El ejemplar que estudiamos no posee grabados de ningún tipo, ni identificación alguna. Algunos tienen la inscripción: "Viva la Livertad".
Es fabricada por WKC, Solingen, Alemania y la hoja es de acero inoxidable.

Cadete Naval a finales de los años cuarenta portando un sable/bayoneta M-71, Hirschfanger.

Bayoneta M-71, Hirschfanger, que llegó a ser utilizada como daga del cadete naval.

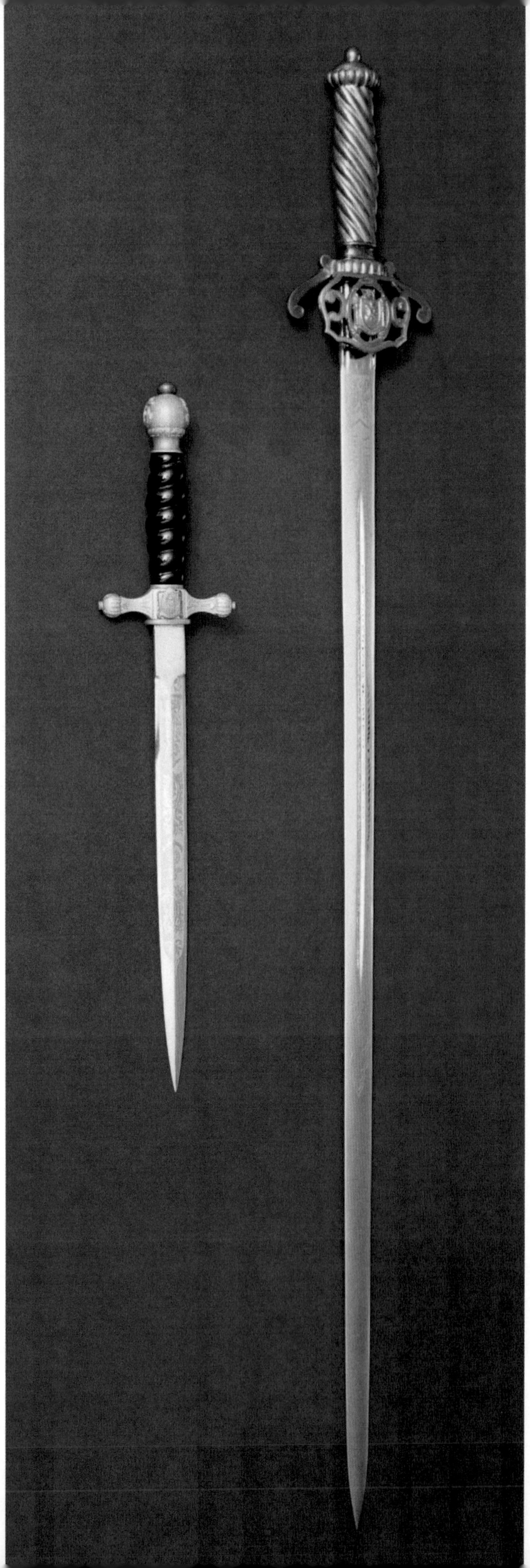

Espadas y Sables Orgánicos No Especiales de la Armada de Venezuela Siglo XX y otros relacionados

Espada de Honor del
General Augusto Lutowsky
(c. 1880)

Espada de Honor del General Augusto Lutowsky (c. 1880)

Esta hermosa espada elaborada por "François Delacour & Backes, Paris, Francia" perteneció al ilustre militar venezolano Augusto Lutowsky quien ocupó la Comandancia General de la Armada Nacional entre 1897 y 1898.[24]

François Delacour fue un notable espadero parisino durante el Segundo Imperio (1852 - 1870) cuya firma se fusionó con otro famoso armero, Backes, durante la 3ª República (1870 - 1940).

Es muy difícil datar esta espada con exactitud, no obstante, en su concha incrustadas se evidencian dos estrellas plateadas, que nos indican el grado de general de división de la época que ostentaba el general Lutowsky que ascendió a ese grado en 1872 y luego a general en jefe en 1893, lo que podría significar que recibió esta joya entre esos años. Aunque está relacionada con la Armada a través de su dueño, podría ser orgánica para oficiales generales de la época o un obsequio especial.

Lamentablemente esta espada centenaria no llegó ilesa a estas fechas ya que en algún momento se le partió el galluelo del gavilán posterior.

La guarnición, bellamente adornada evidencia la pérdida del galluelo.

---

[24] Revista Ejército, Marina y Aeronáutica, Año 4, No. 46, del 31 de enero de 1935, páginas 98 y 99.

Descripción de la Espada de Honor del general Augusto Lutowsky

Es una espada de honor de hoja recta de 80 cm de longitud desde el arranque de la bigotera, que es de 2,7 cm de longitud. En el reverso de la bigotera se observan la marca de François Delacour & Backes, Paris, Francia representada por las letras F. B. D. alrededor de un yelmo y espada cruzadas dentro de un ovalo. Presenta guardapolvo de cuero. El ancho de la hoja es de 2,2 cm en el fuerte y de 1,8 cm en la pala. Vaceo longitudinal desde el final de la bigotera hasta la pala. De la pala hasta casi alcanzar la punta se denota un doble vaceo. En rombo muy abierto desde la pala hasta la punta. En el anverso de la hoja, hacia el medio, entre el posee la inscripción "General Lutousky" entre preciosos trofeos y adornos. Y en el reverso solo trofeos y adornos. Lomo preciosamente adornado, corrido, cuadrado hasta la pala. El filo corrido hasta la punta. Contrafilo de la pala hasta la punta. Los filos no han sido trabajados. Punta muy aguda.

Guarnición en metal dorado. Gavilán con saliente doblado hacia abajo, muy adornado, mientras el otro, monta en arco finamente adornado con cabeza de león en su parte central para luego insertarse en el pomo adornado con torsos de armaduras en el anverso y en el reverso con perilla preciosamente adornada y remachada. Puño que pareciera ser de carey con torzal de metal dorado. La cruz rematada en virola. Bajo la cruz, concha con Escudo de Venezuela de 1836 entre trofeos calados. Dos estrellas plateadas insertadas, correspondiente al grado de general de división.

Vaina de metal plateado con brocal y abrazaderas, superior y media, en metal dorado, con adornos calados que sostienen los anillos. Contera en metal dorado, también preciosamente adornada y calada con batiente en forma de rombo, adornado.

Concha con el Escudo de Venezuela de 1836 y el grado de general de división.

Semblanza del general en jefe Augusto Lutowsky

A continuación, transcribimos la semblanza del General Augusto Lutowsky realizada por el capitán Esteban Chalbaud Cardona en 1931 y publicada por la revista Ejército Marina y Aeronáutica:

"El año de 1852 nació en la ciudad de Valencia, Venezuela, Augusto Lutowsky; día feliz éste para la Patria y aún más para la República, pues en él nació este ciudadano ilustre, que debía ser pocos años más tarde justo orgullo de nuestra Institución Armada.

Corría por sus venas sangre eslava, de esa raza de artistas y de héroes que jamás se ha bastardeado y que está siempre inclinada a todo lo grande y todo lo noble.

A la edad de 12 años, sintiendo gran inclinación por la carrera de las armas, ingresa como aspirante a Oficial en la Academia Militar de Matemáticas, de donde sale tres años más tarde de Subteniente, después de haber conquistado las ginetas de Cabo y Sargento, con el siguiente Diploma:

> *JUAN CRISOSTOMO FALCON,*
> *GRAN CIUDADANO MARISCAL PRESIDENTE*
> *DE LOS ESTADOS UNIDOS DE VENEZUELA,*
> *Atendiendo a los méritos, servicios y circunstancias del Ciudadano Sargento Primero Augusto Lutowsky le confiere el ascenso a Subteniente efectivo de los Ejércitos de la República.*
> *Téngasele como tal y guárdensele los fueros y preeminencias que le acuerdan las Ordenanzas Militares.*
> *Tómese razón de este Despacho en las Oficinas de Hacienda respectivas.*
> *Dado en Caracas y refrendado por el Ministro de Guerra y Marina a 27 de marzo de 1867. Año 3° de la Ley y 9° de la Federación.*
> *J. C. FALCON.*
> *El Ministro de Guerra y Marina,*
> *JUAN F. PÉREZ.*

Con este grado es designado para la Guarnición de Ciudad Bolívar, en donde permanece un año y logra distinguirse y adquirir el grado de Teniente; en marzo de 1868 es ascendido a Capitán y con este grado se bate bravamente bajo las órdenes de los Generales León Colina en Las Adjuntas el 5 de mayo de 1868 y de Manuel E. Bruzual en Caracas el 24 de junio del mismo año; en esta histórica jornada el Capitán Lutowsky fué ascendido a

Coronel por el propio General Bruzual. Este fué uno de los hechos de armas que recordaba con más gusto el General Lutowsky y justa razón tenía para ello, pues el General Bruzual es una de las glorias militares auténticas de nuestra República, a quien siempre preocupó mucho el progreso moral de su Patria.

El año de 1870 se bate nuevamente en Caracas bajo las órdenes del General Guzmán Blanco; asiste con este General a la toma de Puerto Cabello el 28 de mayo de 1870, y le acompaña en la campaña de Apure como Jefe de Artillería; su actuación en esta campaña le valió para ser ascendido a General de Brigada el 3 de mayo de 1871 y a General de División el 19 de enero de 1872. En este mismo año el General Matías Salazar se levanta en armas contra el Gobierno del General Guzmán y el entonces General de División Augusto Lutowsky, toma parte importante en esta campaña.

Como veremos más adelante, el General Lutowsky sigue prestando valiosos servicios a la Patria y el año de 1893 fué ascendido al honroso grado de General en Jefe de los Ejércitos de la República, la más alta jerarquía militar existente entre nosotros.

Veremos ahora los cargos militares que desempeñó el General Lutowsky, los cuales ponen de manifiesto sus grandes aptitudes, cargos que desempeñó siempre a entera satisfacción de Jefes y de sus subordinados:

Oficial de la Guarnición de Ciudad Bolívar;

Oficial de la Artillería de Caracas;

Segundo Jefe de la misma Artillería con cuyo cargo se bate en Caracas el año de 1868;

Jefe de Artillería en la campaña de Apure en los años de 1871 y 1872;

Jefe de la Guardia de Honor del General Guzmán Blanco; y como tal lo acompaña en todas sus jiras de los años 1873 a 1876;

Comandante de Armas del Distrito Federal en 1877;

Jefe del Parque Nacional del Distrito Federal en 1880, cargo de gran significación en aquella época, pues se trataba de reconcentrar en Caracas todo el armamento que tantas Revoluciones había esparcido en toda la República y sólo un hombre de grandes aptitudes y honradez como el General Lutowsky, podía llevar a feliz término;

El mismo año de 1880 es designado como Jefe de operaciones sobre Guarenas y Guatire;

En 1887 es nombrado Comandante en Jefe del Castillo San Carlos;

El año de 1892 es nombrado Inspector General del Ejército y el mismo año fué nombrado Jefe de Estado Mayor de la Comandancia en Jefe del Ejército del Centro;

En 1892 es también nombrado Jefe Militar de Maracaibo;

En 1893 fué nombrado Vocal Principal del Gran Consejo Militar;

En 1897 fué nombrado Comandante General de la Armada Nacional;

En 1898 es nombrado Jefe de la Cuarta Circunscripción Militar de la República y en el mismo año, ocupó también la Jefatura de la Tercera Circunscripción Militar;

En 1899 es nombrado Jefe del Ejército expedicionario sobre el Guárico;

El mismo año de 1899 fué Jefe de Estado Mayor del Ejército Nacional al mando del General Luciano Mendoza y al terminar la Revolución que se llamó "Restauradora", fué Jefe de Estado Mayor hasta el año de 1900;

Hizo la campaña de la Revolución que se llamó "Libertadora" combatiendo en varias partes bajo las órdenes del General Luciano Mendoza, desde el 21 de diciembre de 1901 hasta el 11 de enero de 1902 en que cayó prisionero.

He aquí el más elocuente resumen de la vida militar de este varón ilustre: soldado a los 12 años; Subteniente a los 15 años; Teniente, Capitán y Coronel a los 16 años; General de Brigada a los 19 años; General de División a los 20 años, y General en Jefe a los 41 años. Grados éstos conquistados en los campos de batalla y bajo las órdenes de Generales como Falcón, Colina, Bruzual, Guzmán, Crespo, Ramón Guerra y Luciano Mendoza, cuyas vidas llenan páginas de gloria de nuestra Historia Militar y para quienes no les era posible premiar en el Subalterno sino sus virtudes.

El General Lutowsky ocupó también elevados cargos civiles, pero no hemos querido aquí sino recordar su vida militar y podemos decir, sin temor a equivocarnos, que detestaba la política.

Talleyrand no le sedujo; en cambio, las virtudes de Hoch y de Marceau, de Sucre y de Urdaneta, fueron la norma de su noble vida. Hecho para el Cuartel y el Campamento, la antecámara de los palacios le fué siempre lugar incómodo; el humo del incienso le fué desconocido, el de la pólvora le era familiar; necesitaba para su existencia, siempre justa, el campo raso y el aire puro.
El 15 de junio de 1916 será un día triste para la Patria y aún más para la República, pues en este día murió Augusto Lutowsky, ilustre y meritorio General en Jefe de la República."[25]

Marca de François Delacour & Backes, París, Francia, representada por las letras F. B. D. alrededor de un yelmo y espada cruzadas dentro de un ovalo.

---

[25] Revista Ejército, Marina y Aeronáutica, Año 4, No. 46, del 31 de enero de 1935, páginas 98 y 99.

Detalles de los diferentes trofeos de la hoja.

Pomo adornado.

Brocal, anverso y reverso de las abrazaderas y conteras finamente adornadas y caladas.

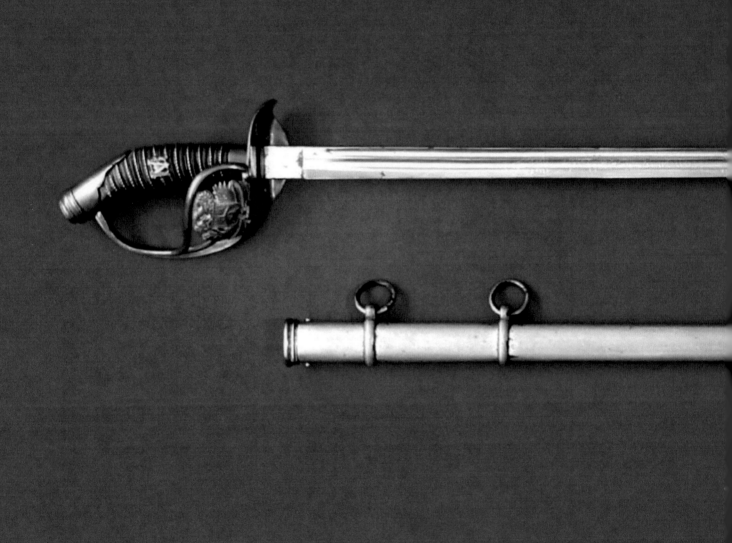

Espada "Gobierno de Venezuela 1900 I y II"
(c. 1900 – 1920)

El oficial naval del extremo derecho de la fotografía porta la versión de la espada "Gobierno de Venezuela 1900 II". Fotografía publicada en periódico "El Nuevo Diario" del 17 de mayo de 1916. En ella, el general Juan Vicente Gómez posa con el Primer Comandante y los tripulantes del crucero "Mariscal Sucre", fondeado en Ocumare.

Espadas "Gobierno de Venezuela 1900 I y II" (c. 1900 – 1920)

Es muy probable que las espadas "Gobierno de Venezuela 1900 I y II" hayan sido adquiridas u ordenadas por el gobierno del general Ignacio Andrade (1897-1899) para conmemorar el advenimiento del siglo XX.

No creemos que las mismas tengan una relación directa con el gobierno del general Cipriano Castro, más allá de su asignación y uso, en primer lugar, porque la ascensión de éste último al poder no se produjo sino hasta el 23 de octubre de 1899, fecha muy próxima al inicio del nuevo siglo y, en segundo lugar, no poseen ninguna inscripción relacionada con la "Revolución Liberal Restauradora", como pensamos que correspondería debido al singular éxito de la misma. Sin embargo, dichas inscripciones sí las encontraremos en los sables "Cipriano Castro I, II, III y IV": "Cipriano Castro al Ejército Liberal Restaurador", que describiremos en detalle, más adelante.

El diseño de la espada "Gobierno de Venezuela 1900 I" se basa en el patrón prusiano de la espada de infantería M-1889, mientras que la del tipo "II" posee una guarnición cuyo diseño, muy adornado, pareciera ser de una acentuada influencia francesa. En ambos casos las hojas son idénticas con las mismas inscripciones "Gobierno de Venezuela 1900" y "Honor y Lealtad".

En la fotografía de la página anterior se observa una espada tipo "II" portada por un oficial subalterno de la Armada Nacional en 1916. Estas espadas pueden ser consideradas como orgánicas no especiales de la Armada.

Las piezas que presentamos en este trabajo fueron elaboradas por "WKC", siglas que corresponden a la firma "Weyesberg, Kirschbaun & Co.", establecida en 1883 en Solingen, Alemania.

"Escudo de Venezuela" de 1863 insertado en la guarnición o cazoleta.

Descripción de la espada "Gobierno de Venezuela 1900 I"

Es una espada de hoja de acero de alta calidad, recta de 79.5 cm de longitud desde el arranque de la bigotera, que es de 3,5 cm de longitud. En el reverso de la bigotera se observa la marca de la firma WKC conformada por las cabezas de un Rey y de un Caballero. Presenta guardapolvo de cuero. El ancho de la hoja es de 2,2 cm en el fuerte y de 1,5 cm en la pala. Vaceos dobles, longitudinales desde el final de la bigotera hasta la pala. En rombo muy abierto desde la pala hasta la punta. En el anverso de la hoja, hacia el medio, entre el vaceo doble posee la inscripción "Honor y Lealtad" y en el reverso "Gobierno de Venezuela 1900". Lomo corrido, cuadrado hasta la pala. El filo corrido hasta la punta. Contrafilo de la pala hasta la punta. Los filos no han sido trabajados. Punta muy aguda.

Guarnición en metal dorado. Gavilán con saliente doblado hacia abajo, mientras el otro monta en arco con dos ramas con un "Escudo de Venezuela" de 1863 calado, formando una guarnición curvada, que se insertan en la monterilla. La parte inferior de los gavilanes forma media cazoleta con saliente doblado hacia abajo. Pomo plano. Puño doblado hacia adentro en la parte superior, de madera, forrado en piel y con torzal de metal amarillo. En el centro del anverso del puño se sujetan las letras "R de V", una sobre otra, también doradas. Virola que fija una ligadura de cuero a la cazoleta.

Vaina de metal plateado. Brocal y dos abrazaderas sencillas que sujetan los anillos. Batiente sencillo fijado a la vaina.

Inscripción grabada en el reverso de la hoja "Gobierno de Venezuela 1900"

Inscripción grabada en el anverso de la hoja "Honor y Lealtad"

En el anverso del puño las letras "R de V" por República de Venezuela.

El Rey y el Caballero, distintivos de la firma alemana WKC.

Ligadura de cuero.

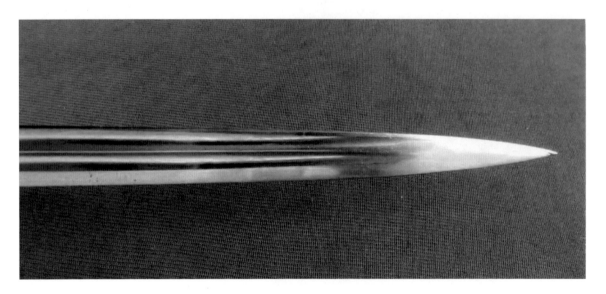

Vaceos dobles hasta la pala.

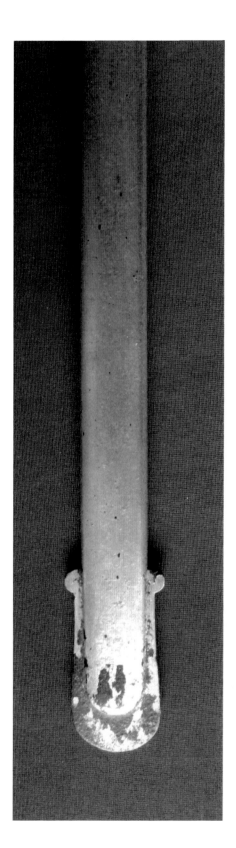

Brocal, abrazaderas y contera.

Descripción de la espada "Gobierno de Venezuela 1900 II"

Es una espada de hoja de acero de excelente calidad, recta de 79.5 cm de longitud desde el arranque de la bigotera, que es de 3,5 cm de longitud. En el reverso de la bigotera se observa la marca de la firma WKC, conformada por las cabezas de un Rey y de un Caballero. Presenta guardapolvo de cuero. El ancho de la hoja es de 2,2 cm en el fuerte y de l,5 cm en la pala. Vaceos dobles, longitudinales desde el final de la bigotera hasta la pala. En rombo muy abierto desde la pala hasta la punta. En el anverso de la hoja, hacia el medio, entre el vaceo doble posee la inscripción "Honor y Lealtad", y en el reverso "Gobierno de Venezuela 1900". Lomo corrido, cuadrado hasta la pala. El filo corrido hasta la punta. Contrafilo de la pala hasta la punta. Los filos no han sido trabajados. Punta muy aguda.

Guarnición de metal dorado. Gavilán con ángulo pronunciado hacia abajo, con su galluelo muy adornado. Guarnición calada, con el Escudo de Venezuela de 1863. El otro gavilán monta en arco, muy adornado y termina en el pomo con forma de cabeza de león. Monterilla corrida, muy adornada. Virola igualmente adornada. Puño de madera recubierto de piel, ligeramente protuberante en su centro y con torzal de alambre dorado.

Se conocen vainas para el tipo "II" de metal con acabado de color negro, de metal plateado y de metal forrado en cuero. Brocal y dos abrazaderas adornadas que sujetan los anillos. Contera muy adornada con batiente esférico.

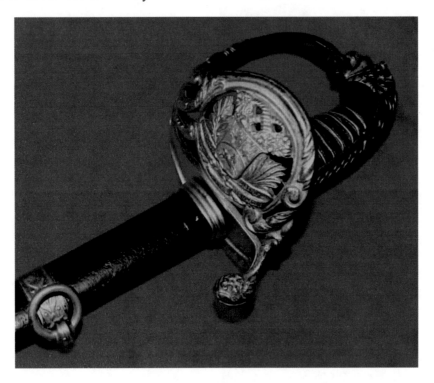

Guarnición de la espada tipo "II", lamentablemente, en esta muestra, el puño perdió el revestimiento de piel y el torzal de alambre dorado y fue sustituido burdamente por un alambre.

Guarnición de la espada "Gobierno de Venezuela 1900 II"

Abrazaderas de la espada "Gobierno de Venezuela 1900 II"

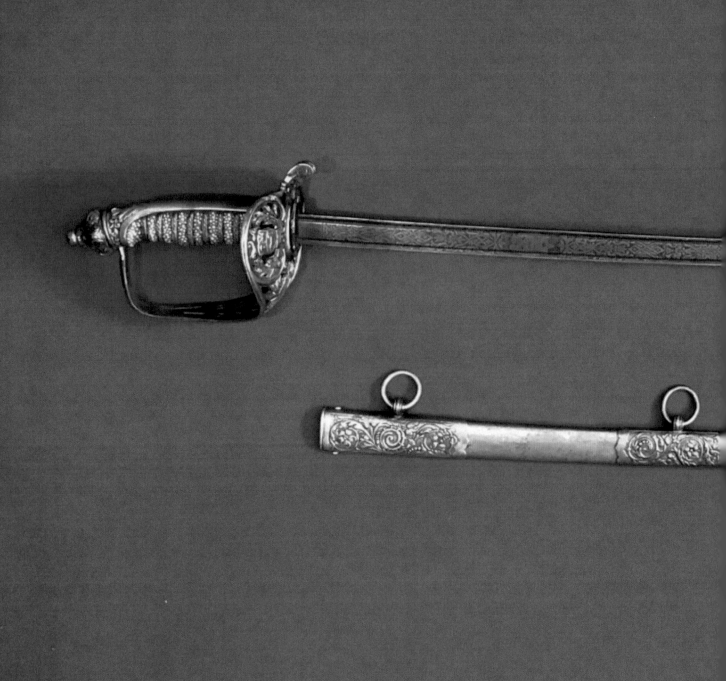

Sables de Honor "Cipriano Castro"
Tipos I, II, III y IV (c. 1904 – 1908)

El Inspector General de la Armada Nacional, Dr. Pedro Jugo Delgado, posando con el Alto Mando Naval, c. 1906. Algunos oficiales portan el Sable de Honor "Cipriano Castro I", cuya guarnición será la adoptada para el modelo "Ghersy Gómez", en vigencia hasta época reciente.

Sables de Honor "Cipriano Castro" Tipos I, II, III y IV (c. 1904 – 1908)

Los sables de honor "Cipriano Castro" fueron adquiridos a la fábrica alemana "Carl Eickhorn" para dotar a los oficiales del "Ejército Liberal Restaurador" (incluyendo a los de la Armada) entre 1900 y 1908. Estos aceros tenían en común la hoja con la inscripción en el reverso "CIPRIANO CASTRO AL EJERCITO LIBERAL RESTAURADOR" y en el anverso el Escudo Nacional de 1836 y la vaina, diferenciándose en el tipo de guarnición.

El designado "Cipriano Castro I", modelo "CE.92.", según el catálogo de la firma alemana, es de guarnición con acentuada influencia francesa, profusamente adornada y calada. Esta guarnición dio origen a la del sable "Ghersy Gómez" utilizado por la Armada desde principios de la década de 1950 hasta época reciente. El "Cipriano Castro I" fue dotación, principalmente, de los oficiales de la Armada Nacional de principios de siglo XX. Podemos señalar la existencia de al menos un predecesor de este sable, a finales del siglo XIX, con una guarnición muy similar, con la inscripción en el reverso de su hoja "JOAQUIN CRESPO EN PREMIO DE LEALTAD Y VALOR 1893".

El "Cipriano Castro II", modelo "CE.958.", descendiente del sable prusiano de caballería M-1811, de los llamados tipo "Blücher", basado a su vez en el M-1796 británico de caballería. Estos sables evolucionaron durante el siglo XIX y ya eran populares entre los militares y civiles alemanes para el año de 1900. Eran frecuentemente utilizados por oficiales de caballería. La guarnición de este sable dio origen a la de los sables del Ejército, las Fuerzas Aéreas y las Fuerzas Armadas de Cooperación, utilizados desde principios de la década de 1950 hasta época reciente. El "Cipriano Castro II" fue dotación, principalmente, de los oficiales de caballería del Ejército Nacional, a principios del siglo XX.

El "Cipriano Castro III", modelo CE.959.", está basado en el sable de infantería británico victoriano del patrón de 1822/1845 de los llamados de "guarnición gótica". El "Cipriano Castro III" fue dotación, principalmente, de los oficiales de infantería y artillería del Ejército Nacional, a principios del siglo XX.

El "Cipriano Castro IV", modelo "CE.960.", está basado en el sable de la Marina de Guerra Imperial Alemana de principios del siglo XX, sustituyendo el ancla por el Escudo Nacional y estaba reservado para el uso de oficiales generales de la época.

A los fines de nuestro trabajo, designaremos a los sables "Cipriano Castro I y IV" como orgánicos no especiales para la Armada, principalmente, por la ausencia de símbolos alegóricos a la misma. Los sables "Cipriano Castro II, III y IV" serían los utilizados por el Ejército Nacional, siendo el tipo IV común para los oficiales generales tanto de la Armada como del Ejército. Adicionalmente, estos sables de honor se constituyeron en un "premio" otorgado por el general Cipriano Castro al "Ejército Liberal Restaurador", probablemente luego de haber vencido definitivamente a la "Revolución Libertadora" en julio de 1903.

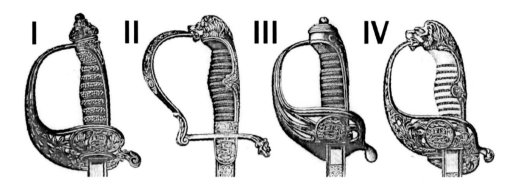

Diferencias entre las guarniciones de los sables de honor "Cipriano Castro" Tipos I (mod. CE.92.), II (mod. CE.958.), III (mod. CE.959.) y IV (mod. CE.960.).

Descripción del Sable de Honor "Cipriano Castro I" (mod. CE.92.)

Sable de Honor, de uso para gala/ceremonial, de hoja ligeramente curva, de 79 cm de longitud desde el arranque de la bigotera, que es de 2 cm de largo. Presenta guardapolvo de cuero. El ancho de la hoja es de 2 cm en el fuerte y de l,7 cm en la pala. Vaceos longitudinales desde la bigotera a la pala. En rombo muy abierto hasta la punta. En el anverso de la hoja, grabado, el "Escudo de Venezuela" de 1836, entre adornos, y en el reverso la inscripción grabada "CIPRIANO CASTRO AL EJERCITO LIBERAL RESTAURADOR", también entre adornos. Lomo corrido hasta la punta. El filo no fue trabajado. Punta muy aguda.

Guarnición en metal dorado y trabajada en calados. Gavilán con galluelo curvo y redondo, mientras el otro monta para insertarse en el pomo. Dos ramas paralelas forman la cazoleta con una ligera curvatura y sirven de apoyo al trofeo y al "Escudo de Venezuela" de 1836. Pomo adornado con perilla atornillada. Monterilla corrida y virola. Puño revestido de material sintético y con torzal de alambre dorado.

Vaina de metal plateado o de cuero negro, con brocal y abrazadera superior y media de metal dorado, adornadas, en el anverso y en el reverso, un adorno sencillo, con anillos, contera de metal dorado, adornada en el anverso y en el reverso, también un adorno sencillo, batiente en forma de cuerpo de serpiente.

Correaje de cuero con el tricolor nacional con hebilla de metal dorado con el "Escudo de Venezuela" de 1836.

La marca "CE" (Carl Eickhorn), y el modelo "92" se encuentran estampados en la espiga de cada tipo de sable de honor "Cipriano Castro".

Guarnición del sable de honor "Cipriano Castro I".

Detalle del "Escudo de Venezuela" de 1836 en la guarnición del sable de honor "Cipriano Castro I".

Descripción Del sable "Cipriano Castro II"

Sable de Honor, de uso para gala/ceremonial, de hoja ligeramente curva, de 79 cm de longitud desde el arranque de la bigotera, que es de 2 cm de largo. Presenta guardapolvo de cuero. El ancho de la hoja es de 2 cm en el fuerte y de l,7 cm en la pala. Vaceos longitudinales desde la bigotera a la pala. En rombo muy abierto hasta la punta. En el anverso de la hoja, grabado, el "Escudo de Venezuela" de 1836, entre adornos, y en el reverso la inscripción grabada "CIPRIANO CASTRO AL EJERCITO LIBERAL RESTAURADOR", también entre adornos. Lomo corrido hasta la punta. El filo no fue trabajado. Punta muy aguda.

Guarnición en metal dorado. Gavilán con galluelo curvo que termina en cabeza de león mirando hacia abajo, mientras el otro, monta para insertarse en el pomo formando La "P" característica de este tipo de sable. En el centro de la cruz en el anverso de la cazoleta presenta una concha con el "Escudo de Venezuela" de 1836 y en el reverso, otra concha lisa. Pomo con forma de cabeza de león. Monterilla corrida con adorno en su centro que soporta el puño. Puño con forma ergonómica para el mejor agarre, revestido de material sintético con torzal de alambre dorado. Virola adornada.

Vaina de metal plateado con brocal y abrazadera superior y media de metal dorado, adornadas, en el anverso y en el reverso, un adorno sencillo, con anillos, contera de metal dorado, adornada en el anverso y en el reverso, también un adorno sencillo, batiente en forma de cuerpo de serpiente.

Correaje de cuero con el tricolor nacional y hebilla de metal dorado con el "Escudo de Venezuela" de 1836.

Anverso de la guarnición del sable de honor "Cipriano Castro II".

Descripción del sable "Cipriano Castro III"

Sable de Honor, de uso para gala/ceremonial, de hoja ligeramente curva, de 79 cm de longitud desde el arranque de la bigotera, que es de 2 cm de largo. Presenta guardapolvo de cuero. El ancho de la hoja es de 2 cm en el fuerte y de l,7 cm en la pala. Vaceos longitudinales desde la bigotera a la pala. En rombo muy abierto hasta la punta. En el anverso de la hoja, grabado, el "Escudo de Venezuela" de 1836, entre adornos, y en el reverso la inscripción grabada "CIPRIANO CASTRO AL EJERCITO LIBERAL RESTAURADOR", también entre adornos. Lomo corrido hasta la punta. El filo no fue trabajado. Punta muy aguda.

Guarnición en latón. Gavilán corto y caído. El otro monta en arco y encastra en el pomo. Entre los dos, ramas que sostienen, en un óvalo alargado, un "Escudo de Venezuela" de 1836. El pomo es ovalado, con resaltes en escalón y termina en perilla atornillada. Monterilla corrida, adornada al comienzo. Virola. Puño de madera recubierta de piel, torzal, alambres dorados. Saliente, curvo, posterior.

Vaina de metal plateado, con brocal y abrazadera superior y media de metal dorado, adornadas, en el anverso y en el reverso, un adorno sencillo, con anillos, contera de metal dorado, adornada en el anverso y en el reverso, también un adorno sencillo, batiente en forma de cuerpo de serpiente.

Correaje de cuero con el tricolor nacional con hebilla de metal dorado con el "Escudo de Venezuela" de 1836.

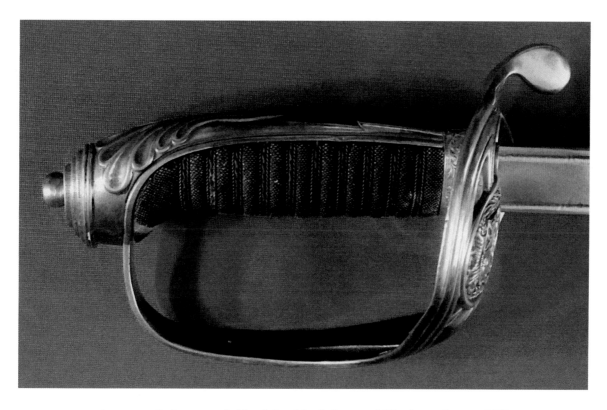

Anverso de la guarnición del sable de honor "Cipriano Castro III".

Detalle de los "Escudos de Venezuela" de 1836 tanto en la guarnición del sable de honor "Cipriano Castro III" como en el anverso de las hojas de los cuatro tipos.

Inscripción "CIPRIANO CASTRO AL EJERCITO LIBERAL RESTAURADOR", grabada en el reverso de la hoja de los cuatro tipos del sable de honor "Cipriano Castro".

Inscripción "JOAQUIN CRESPO EN PREMIO DE LEALTAD Y VALOR 1893", grabada en el reverso de la hoja del sable precursor del "Cipriano Castro I".

En esta fotografía de la Plana Mayor del Batallón de Infantería "Castro No. 7" (c. 1906), se puede observar que todos los oficiales portan el sable "Cipriano Castro III", modelo CE-0959.

Brocal y abrazadera superior y media y sus respectivos adornos en su anverso y reverso. La vaina es común para los sables de honor "Cipriano Castro" Tipos I, II, III y IV.

Adornos en el anverso y reverso de la contera.

Descripción del Sable de Honor "Cipriano Castro IV"

Sable de Honor, de uso para gala/ceremonial, de hoja ligeramente curva, de 79 cm de longitud desde el arranque de la bigotera, que es de 2 cm de largo. Presenta guardapolvo de cuero. El ancho de la hoja es de 2 cm en el fuerte y de 1,7 cm en la pala. Vaceos longitudinales desde la bigotera a la pala. En rombo muy abierto hasta la punta. En el anverso de la hoja, grabado, el "Escudo de Venezuela" de 1836, entre adornos, y en el reverso la inscripción grabada "CIPRIANO CASTRO AL EJERCITO LIBERAL RESTAURADOR", también entre adornos. Lomo corrido hasta la punta. El filo no fue trabajado. Punta muy aguda.

Guarnición en metal dorado. Gavilán con galluelo curvo y redondo en su extremo, mientras el otro monta en arco con dos ramas que forman una cazoleta curvada y que se insertan en el pomo con forma de cabeza de león. En el anverso de la cazoleta presenta un Escudo de Venezuela de 1836 entre adornos. En el reverso de la cazoleta una charnela abatible que asegura la espada a la vaina por medio de un vástago. Una perilla fija el pomo. Monterilla corrida con adorno en forma de melena de león y refuerzos en su centro y virola. Puño de material sintético y con torzal de alambre dorado entre los gallones.

Vaina es de metal plateado o cuero negro, con brocal y abrazadera superior y media de metal dorado, adornadas, en el anverso y en el reverso, un adorno sencillo, con anillos, contera de metal dorado, adornada en el anverso y en el reverso, también un adorno sencillo, batiente en forma de cuerpo de serpiente.

Correaje de cuero con el tricolor nacional y hebilla de metal dorado con el "Escudo de Venezuela" de 1836.

Sable de honor Cipriano Castro IV.

Espada del CN Felipe Larrazábal
(c. 1937 – 1941)

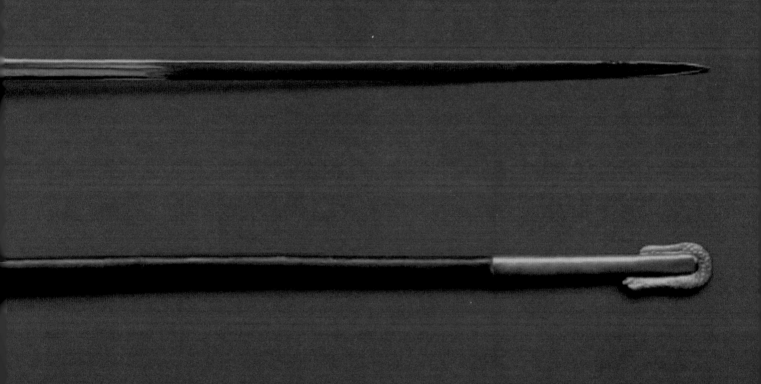

El capitán de navío Felipe Larrazábal portando su espada "Felipe Larrazábal I", acompañado del Ministro de la Legación de Venezuela en Italia, Dr. Santiago Key Ayala en marzo de 1938.

Espada del CN Felipe Larrazábal (c. 1937 – 1941) Director de Marina

Esta es la espada orgánica y especial de la Armada del capitán de navío Felipe Larrazábal, quien fuera Director de Marina entre enero de 1936 y abril de 1940. Ya descrita suficientemente como la espada "Felipe Larrazábal I".

Esta espada fue heredada por las hijas del capitán Larrazábal quienes la cedieron a su sobrino, el contralmirante Gustavo Sosa Larrazábal, quien la portó desde ese momento hasta su retiro, como señala la antigua tradición de la que ya hemos hecho mención, de portar espadas y sables que hayan sido usados por ancestros que hayan sido marinos de guerra prominentes. El almirante Sosa Larrazábal nos permitió gentilmente reseñarla en este trabajo.

La dragona que tiene la espada en la fotografía, con los colores nacionales, no corresponde a la época en que la usaba el capitán Felipe Larrazábal, sino que es de las usadas por los oficiales almirantes a partir del año 1957 y pertenece al contralmirante Sosa Larrazábal.

Detalle de la guarnición de la espada "Felipe Larrazábal I" (c. 1937 – 1945) y la dragona de almirante (1957 – Hoy).

Semblanza del capitán de navío Felipe Larrazábal

Hemos transcrito la presente semblanza de la Revista Ejército, Marina y Aeronáutica:

Nació en Caracas este distinguido Jefe de la Armada el 28 de setiembre de 1885, ingresando desde muy joven en la Marina venezolana, como Aspirante a Guardiamarina, en 1898, a bordo de la goleta de guerra "Ana Jacinta" y del transporte "Zamora"; sirvió así mismo en los años 1912 y 1913 en el cañonero "29 de Enero", con el grado de Guardiamarina; Piloto del vapor "Venezuela" en los años 1914 y 1915; desde 1915 a 1922 fue Capitán de los vapores "Venezuela", "Manzanares", "Guárico" y "Maracay"; durante los años 1923 y 1924, Capitán de las goletas holandesas "Pioneer" y "Caribe"; en los años 1925 y 1926, Capitán del yate "Zarita" de la "Sun Oil Company"; en julio de 1927 fue nombrado Práctico Mayor de Maracaibo, con el grado de Teniente de Navío; en agosto de 1928 fue ascendido a Capitán de Corbeta y nombrado Jefe del Servicio de Pilotaje de Maracaibo; en agosto de 1933 fue ascendido a Capitán de Fragata y nombrado Inspector de la Armada; en enero de 1936 fue nombrado Director de Marina en el Ministerio de Guerra y Marina, siendo ascendido, ocupando dicho cargo, al grado de Capitán de Navío en junio de 1937.

En los últimos meses de 1935 y los primeros de 1936 efectuó un viaje de cortesía, como Jefe de una Misión en visita al Brasil, Uruguay y República Argentina, y en setiembre de 1937 viajó a Italia, en comisión especial, para recibir las unidades de la Armada "General Urdaneta" y "General Soublette".

Trabajador infatigable, contraído al estudio, su vida de profesional la dedicó por entero al servicio de la Patria y lo sorprendió la muerte cuando aún había mucho que esperar de él; su desaparición del seno de la Institución Armada ha sido motivo de justo dolor, pues el Capitán de Navío Felipe Larrazábal gozaba de general aprecio y afecto, por parte de sus superiores, compañeros y subalternos.

El Ministerio de Guerra y Marina, en ocasión de su sentida muerte, dictó la siguiente Resolución:

Estados Unidos de Venezuela. – Ministerio de Guerra y Marina. – Dirección de Gabinete. – Caracas 21 de abril de 1940. – 131° y 82°. –
RESUELTO:
Habiendo fallecido hoy en esta ciudad el Capitán de Navío Felipe Larrazábal, quien desempeñaba el cargo de Director de Marina en este Ministerio y había prestado señalados servicios a la Institución Armada, el ciudadano Presidente de la República ha tenido a bien disponer que, de conformidad con el artículo 221 del Reglamento de Servicio en Guarnición, se le tributen al distinguido militar extinto los honores fúnebres correspondientes. En consecuencia, ordénase:
1°. – Que la Escuela Naval de Venezuela y un batallón de infantería de la Guarnición de esta plaza, con las formalidades y en el traje reglamentario, rindan los honores;
2°. – Que los Jefes y Oficiales de la Armada y de la Guarnición de Caracas que estén

francos de servicio, concurran al acto del enterramiento;

3°.— Que el Capitán de Fragata Antonio Piccardi pronuncie la oración fúnebre, de acuerdo con el artículo 246 del Reglamento de Servicio en Guarnición; y

4°.— Que se ofrenden coronas, a nombre de este Despacho Ejecutivo.

— Comuníquese y publíquese:

Por el Ejecutivo Federal,

Isaías Medina A.

La Revista del Ejército, Marina y Aeronáutica presenta a los familiares del extinto Jefe, las expresiones de su condolencia muy sincera." [27]

Detalle del calado inferior de la cazoleta.

---

[27] Revista Ejército, Marina y Aeronáutica, Tomo XVIII, No. 109 de abril de 1940, páginas 122-125.

EL SABLE OLVIDADO

Entre las adjuntas de un rincón oscuro,
la espada gloriosa duerme recostada,
cargada de lauros, su sueño más puro,
que al correr del tiempo quedose olvidada;
y allí, polvorienta,
mohosa y mellada,
volver a la guerra otra vez no cuenta.
Pues fue a los combates y no fue vencida
y en manos hidalgas de libertadores
que dieron su vida para vencer a España,
teñida en sangre, conquistando honores,
se abatió soberbia por la heroica hazaña.
Fue prez y orgullo de regios salones
cuando por sus triunfos un festín se daba,
sus triunfos que han sido épicos blasones,
y en la cortesía que gentil reinaba
en medio al bullicio de aquellos placeres,
prendida del cinto de un bravo triunfante,
ante el porte griego de bellas mujeres
más de un saludo se inclinó galante.
A veces yo pienso que el sable glorioso
sueñe que algún héroe bizarro y sañudo,
a nuevas contiendas a batirse airoso,
lo lleve desnudo.
Mas, del sable invicto, que duerme en olvido
ya nadie se acuerda.
Su excelsa victoria,
que ostentó gallardo de honores henchido,
la guarda la historia,
que tiene del sable recuerdo más puro;
y en tanto en la calma donde está sumido,
guardando, el silencio del rincón oscuro
recostado duerme cargado de gloria!

Rafael Zavala Martínez

El Sable no identificado del CA Ricardo Sosa Ríos Comandante General de la Marina de Guerra (1962 – 1964)

Como podemos apreciar en esta fotografía de 1964, proveniente de la colección fotográfica del CA Ricardo Sosa Ríos y facilitada por su hijo el CA Gustavo Sosa Larrazábal, este es un sable tipo "P" de origen alemán y no es el sable orgánico y especial de la Armada "Ghersy Gómez" vigente para ese momento y hasta nuestros días.

Podríamos inferir que fue un obsequio, un sable de honor, un premio o un prototipo que estaba siendo evaluado en ese momento y publicamos esta fotografía como referencia para investigaciones posteriores.

El contralmirante Ricardo Sosa Ríos posa con el sable no identificado.

Coronel Miguel Angel Lollett Márquez, artillero naval, porta el sable "Gomero", c. 1930.

LAS ESPADAS Y SABLES DE LA ARMADA EN ALGUNOS REGLAMENTOS DE UNIFORMES DEL SIGLO XX

Hemos revisado los reglamentos de uniformes de nuestra Armada desde 1900 hasta 1951, en los cuales se describe el sable naval de forma muy aproximada al que se ha venido utilizando hasta hoy en día.

En el reglamento interino aprobado por el General Alejandro Ybarra en Trinidad en octubre de 1901, a bordo del cazatorpedero "Bolívar", denominado "Uniformes para la Marina de Guerra Venezolana en su Nueva Organización" por toda descripción del sable o la espada naval encontramos la frase "...espada de marina, ceñida...", en su artículo 5º

En el "Código de la Marina de Guerra" aprobado en 1904 en su artículo 101º se describe la espada de gala del Comodoro como "...Espada de ceñir con guarnición y vaina doradas; en la empuñadura lleva el escudo de armas de la Republica. Cordón de seda tricolor con mezcla de oro que termine en una bellota con un pasador en la parte superior de la misma. Esta espada va pendiente de un tahalí formado de galones de oro y forrado de terciopelo negro con dos ojales en la parte superior para abrocharlo en dos botones pegados al costado izquierdo de la casaca por su parte interior..."

En el artículo 102º describe el sable de diario como "...con vaina de cuero, boquilla[28], abrazaderas y regatón[29] de metal dorado, pendiente de cinturón de charol negro con tirantes de lo mismo…"

El artículo 103º describe el sable de gala de los Capitanes de Navío y Fragata como "...con vaina de metal blanco, con boquilla, abrazaderas y regatón de metal dorado y con las armas de la República en la empuñadura, cinturón y tirantes de galón de oro y cordón de oro y seda encarnada, rematando con una bellota, con su pasador en la parte superior…".

El artículo 104º describe el sable de diario de los Capitanes de Navío y de Fragata como "...con vaina de cuero con boquilla, abrazaderas y regatón de metal dorado...".

El artículo 106º describe el sable de los Tenientes de Navío y Fragata, Alféreces de Navío y Fragata y Guardiamarinas como "...con vaina de metal blanco y boquilla, abrazaderas y regatón de metal dorado; cinturón de galón de oro y tirantes de lo mismo…"

En el "Reglamento de Uniformes para el Ejército y la Armada R.U.E. No. 3 de 1932, en su artículo 11º: describe el sable o espada naval como "...Espada con

---

[28] Brocal.
[29] Contera.

vaina de cuero negro, guarnición dorada y sobre empuñadura, un ancla. Correaje: de patente negro, hebilla dorada con ancla al relieve Dragona dorada en forma de bellota…"

Hasta este reglamento, de 1932, hemos conseguido que las descripciones de los sables y espadas son muy generales, sin embargo en el reglamento de Uniformes de la Armada del 9 de noviembre de 1940 se sientan algunas de las bases que permanecerán en vigencia el resto del siglo XX.

En su artículo 30º describe la espada para oficiales generales y superiores de la siguiente forma: "De hoja cortante, ligeramente curva[30], de 60 a 80 centímetros de longitud, empezando el doble filo a 30 centímetros de la punta, con dibujos labrados, entre los que se destacan el escudo nacional, un ancla y la leyenda "ARMADA DE VENEZUELA"; taza enteriza dorada, con dibujos calados y relieves pulidos en su parte exterior, vaina de metal forrada en cuero con dos entrantes a lo largo, contera, brocal y una abrazadera intermedia de metal dorado con dibujos labrados; en el brocal y en la abrazadera lleva pasadores donde van sujetas las argollas para enganchar los tiros del correaje. La hoja es de acero y las demos piezas de metal dorado al fuego". Para oficiales subalternos establece: "Igual a la anterior, pero con las modificaciones siguientes: taza, brocal, contera, abrazaderas, etc., de cobre[31] y vaina de cuero negro." El correaje para oficiales generales: "Cinturón dorado de 50 m.m. de ancho, teniendo en el centro con un ancho de 30 m.m., el tricolor nacional, hebilla de metal dorado con ancla al relieve, asegurada a uno de los extremos del cinturón, con facilidades de poderlo ajustar a la cintura. Tiros de 25 m.m. de ancho teniendo en el centro con un ancho de 10 m.m. el tricolor nacional; uno de ellos de 70 centímetros de largo y el otro de 25 centímetros, ambos terminan en un gancho de presión para asegurar el sable y un dispositivo especial para adherirlos al correaje. El tiro más pequeño lleva en la parte que va pegada al cinturón una cadena con cuatro eslabones terminando en un gancho fijo para sostener la espada. Los ganchos de presión, hebilla, cadena y gancho fijo, serán de metal dorado". Para oficiales superiores: "Igual al descrito para Oficiales Generales, pero sin llevar el tricolor nacional; siendo totalmente dorado". Para Oficiales Subalternos: "Igual al descrito para Oficiales Superiores, pero con las siguientes modificaciones: llevarán en el centro del cinturón y de los tiros, franja negra de 10 m.m. y 5 m.m. respectivamente. En lo referente a las Dragonas, señala para oficiales generales: "De cordón de oro de 60 centímetros de longitud, terminando en forma de bellota, la cual llevará en su extremo unos canelones delgados de 5 centímetros de largo". Para oficiales superiores: "igual a la descrita para Oficiales Generales, pero sin los canelones". Para oficiales subalternos: "Igual a la descrita para Oficiales Superiores, pero al cordón de oro le irán entrelazadas hebras de hilo negro".

---

[30] Aunque el reglamento hace referencia a una "espada para oficiales generales y superiores" en realidad, por definición, al tener la hoja "ligeramente curvada" estamos hablando de un sable.
[31] Espada "Antonio Picardi".

En el artículo 33° describe la "espada de diario"[32] para los oficiales: "De hoja ligeramente curvada, de 60 a 80 centímetros de longitud, con dibujos labrados, entre los que se destaca el escudo nacional y la leyenda "ARMADA DE VENEZUELA". Empuñadura con calados que llevan en la parte de atrás una chapa ovalada de metal blanco con el escudo nacional.[33] Vaina de cuero negro, con dos entrantes a lo largo, contera, brocal y una abrazadera intermedia de metal, sencillos y lisos. En el brocal y en la abrazadera lleva argollas para enganchar los tiros del correaje. La hoja es de acero pulido y las demás piezas de metal de cobre amarillo". El correaje de diario: "De piel de rusia negra, de 40 m.m. de ancho, con hebilla corriente, los tiros de las mismas dimensiones que los descritos en el correaje del uniforme No. 1, Pero de piel de rusia negra". La dragona: "De cordón de cuero negro, terminando en una piña en forma de bellota, el largo de la dragona será de 60 centímetros. El mismo artículo señala que el sable de los suboficiales será: "Ligeramente curvo, con empuñadura y vaina de metal niquelado". El correaje: "Igual al descrito en el uniforme No. I.[34]

El artículo 40° establece que la espada para Guardiamarinas y el Brigadier Mayor será: "especial, recta, niquelada, con empuñadura Lisa dorada al fuego, de 80 centímetros de largo. La hoja llevará grabada la leyenda "ESCUELA NAVAL" de un lado y del otro, el escudo de Venezuela. Vaina de metal niquelado, con contera, brocal y una abrazadera intermedia de metal dorado con dibujos labrados. En el brocal lleva un ancla al relieve y en este y en la abrazadera dispositivos especiales para asegurar los tiros del correaje". Así mismo, el Tahalí para Brigadieres, SubBrigadieres y cadetes será: "blanco, de cuero igual al del cinturón. Usaran uno para la daga y otro para la bayoneta del fusil." La daga Brigadieres, SubBrigadieres y Cadetes será: "con crucero y empuñadura de cobre, de 60 centímetros de largo, con la leyenda siguiente: ESCUELA NAVAL DE VENEZUELA; con vaina de cuero negro." La dragona: "De cordón de cuero blanco, de 50 centímetros de largo, terminando en una piña en forma de bellota."

En el "Reglamento de Uniformes para las Fuerzas Navales (1951)" en su artículo 22° se describe el sable para oficiales Almirantes y Superiores como "...de hoja cortante, ligeramente curva, de 60 a 80 cm de longitud, empezando el doble filo a 30cm de la punta, con dibujos labrados, entre los que destacan el Escudo Nacional, un ancla y la leyenda "Armada de Venezuela", taza[35] enteriza dorada, con dibujos calados y relieves pulidos en su parte exterior, vaina de metal dorado en cuero con dos entrantes a lo largo, contera, brocal y una abrazadera intermedia de metal dorado con dibujos labrados; en el brocal y en abrazadera lleva pasadores donde van sujetadas las argollas para enganchar los tiros del correaje. La hoja es de acero y las demás piezas de metal dorado al fuego..."

---

[32] Aunque el reglamento hace referencia a una "Espada de Diario" en realidad por definición, al tener la hoja "ligeramente curvada" estamos hablando de un sable.

[33] Como en el sable "Gomero".

[34] "Igual al descrito en el uniforme No. 1 para Oficiales, pero de cuero negro mate. Se usara por fuera del uniforme."

[35] Guarnición.

Esta descripción se asemeja al sable que llamamos "Oscar Ghersy Gómez", vigente hasta hoy en día.

Este reglamento también describe un sable para oficiales subalternos que "...sería igual al anterior, pero con las modificaciones siguientes: taza, brocal, contera, abrazaderas, etc. de cobre y vaina de cuero negro...".

En cuanto al correaje para Oficiales Almirantes "...Cinturón dorado de 50 mm de ancho teniendo en el centro, con un ancho de 30 mm, el tricolor nacional, hebilla de metal dorado con ancla al relieve, asegurada a uno de los extremos del cinturón, con facilidades de poderlo ajustar a la cintura. Tiros de 25 mm de ancho, teniendo en el centro, con un ancho de 10 mm el tricolor nacional; uno de ellos de 70 mm, de largo y el otro de 25 cm, ambos terminan en un gancho de presión para asegurar el sable y un dispositivo especial para adherirlo al correaje. El tiro más pequeño lleva en la parte que va pegada al cinturón, una cadena con 4 eslabones terminando en un gancho fijo para sostener la espada. Los ganchos de presión, hebillas, cadena y gancho fijo, serán de metal dorado..."; para Oficiales Superiores "...Igual al descrito para Oficiales Almirantes, pero sin llevar el tricolor nacional, siendo totalmente dorado..."; y para Oficiales Subalternos "...Igual al descrito para Oficiales Superiores, pero con las siguientes modificaciones: llevará en el centro del cinturón y de los tiros, una franja negra de 10 mm y otra de 5 mm, respectivamente..."

Según el artículo 32º al uniforme No. 5 (drill gris) le corresponde un correaje "...de piel de rusia negra, de 40 mm de ancho, con hebilla corriente. Los tiros de las mismas dimensiones que los del correaje del uniforme No. 1, pero de piel de rusia negra...".

En cuanto a la dragona para Oficiales Almirantes "...de cordón de oro de 60 cm, de longitud terminando en forma de bellota, la cual llevará en su extremo unos canelones delgados de 5 cm. de largo..."; para Oficiales Superiores "...Igual a la descrita pera Oficiales Almirantes, pero sin los canelones..."; y para los oficiales subalternos "...Igual a la descrita para Oficiales Superiores, pero al cordón de oro le irán entrelazadas hebras de hilo negro...". El artículo 32º señala que en el uniforme No. 5 (drill gris) el sable deberá llevar una dragona de "...Cordón de cuero negro, terminando en una piña en forma de bellota. El largo de la dragona será de 60 cm".

Este reglamento describe por primera vez el sable de los Suboficiales Técnicos y No Técnicos en su artículo 38º como un "...Sable: Ligeramente curvo, con empuñadura y vaina de metal niquelado..." tanto el correaje como la dragona serán iguales al descrito "...para el uniforme No. 5 (dril gris) de los oficiales Navales, usado por fuera del uniforme..."

También se describe por primera vez la espada de los Guardiamarinas y el Brigadier Mayor en su artículo 60º de la siguiente forma: "...especial hoja recta niquelada, con empuñadura lisa, dorada al fuego, de 80 cm de largo. La hoja llevara la leyenda: "Escuela Naval" de un lado y del otro, el "Escudo de Venezuela". Vaina de metal niquelado, con contera, brocal y una abrazadera intermedia de metal dorado con dibujos labrados. En el brocal lleva un ancla al relieve y en este y en la abrazadera dispositivos especiales para asegurar los tiros del correaje.

En el artículo 67º se describe el *cuteau* para los Brigadieres, Subrigadieres y Cadetes, como "…Daga de 50 cm de largo y empuñadura que rematará en un ancla. La hoja llevará la inscripción Escuela Naval…".

A los 150 años del traslado de los restos del Libertador, el 16 de diciembre de 1942, posan a las puertas del Panteón Nacional, un grupo de oficiales venezolanos y extranjeros. Entre ellos se destaca al centro, el capitán de fragata Antonio Picardi y en el extremo derecho el capitán de fragata José Joaquín Fuentes. Ambos portan la espada "Felipe Larrazábal I".

GLOSARIO

ABRAZADERA: Es la pieza metálica, colocada en la vaina que, mediante anilla, argolla, permite suspenderla.

ACICALADO: Nombre que recibe el pulido final de las hojas, dotándolas del brillo final.

ADORNO: Los dibujos o cincelados etc., que se hacen en las hojas de las espadas en sus guarniciones y en las abrazaderas y en las vainas metálicas. Grabados o nielados. (Ataujia, Damasquinado). Geométricos, con figuras humanas, animales, vegetales, flores, etcétera.

ALAMBRADO: Operación de rodear el puño o gallones con alambre de hierro, cobre, latón, plata etc. para reforzar este y aumentar u adherencia.

ALFANJE: Arma de origen oriental, de hoja curva y con un solo filo, origen del sable.

ANILLA: Véase Argolla.

ARGOLLA: En la vaina. Sirven para suspender la vaina, mediante los tiros o tirantes.

ARMERO: Es quien construye o repara las armas.

BATIENTE: Refuerzo en forma de pestaña, que rodea la contera.

BIGOTE: Véase Bigotera.

BIGOTERA: El ensanche que en algunas espadas y hasta fines del siglo xviii, permitía asegurar la concha a los gavilanes. (Mediante tornillo). También, parte de la hoja junto a la espiga, y el arranque de los filos.

BOCAVAINA: Chapa de metal que guarda la boca o entrada de la vaina.

BOQUILLA: Refuerzo interior del brocal de la vaina, que además sirve de fijación a las costillas en las que son metálicas.

BOTÓN: Abultamiento romo de la punta o en la guarnición, pieza redonda u oval, saliente que sirve para sujeción. También se dice Broche. En esgrima se emplea Botón, para impedir las heridas de punta. También, apéndice soldado a la cara anterior del brocal, que sirve para la sujeción de la vaina al tahalí.

BROCAL: Véase Bocavaina.

CANAL: Vaceo estrecho y profundo sobre las caras de las hojas de las espadas y sables.

CARAS: Se llaman caras, los dos lados principales y más extensos de la hoja. También Anverso y Reverso de la hoja.

CAZOLETA: Pieza que sirve de guardamano y tiene forma de casquete.

CHARNELA: Pieza de metal abatible usada para asegurar la espada a la vaina.

CONCHA: Equivale a taza y cazoleta. Pero es más apropiado su empleo, para nombrar las guardas de menor tamaño y profundidad. Y con la forma que indica el apelativo. También, se dice de la guarda de algunas armas blancas, que adaptan la forma de dos medias piezas cóncavas, unidas entre sí de igual o distinto tamaño.

CONTERA: Pieza metálica que sujeta a la vaina de cuero en su parte inferior como remate.

CONTRAFILO: Filo posterior de la hoja.

CORRIDO: Es el filo que toma la hoja en toda o gran parte de su longitud.

CORTE: Véase filo.

COSTILLA: Piezas de madera finas, que se colocan sujetas a las caras interiores de las vainas metálicas, para sujetar la hoja y evitar que el arma pueda salirse accidentalmente.

CRUZ: Parte de la guarnición, colocada en sentido transversal a la hoja, generalmente con dos brazos simétricos.

DÉBIL: Tercio final de la hoja de las espadas. Comprende Pala y Punta.

DRAGONA: Cordón que se ata en el puño de la espada para su adorno y fijación a la mano.

EMPUÑADURA: Véase Guarnición.

ESCUDETE: Guía para mejor meter la espada en su vaina, que tiene esa forma. Apoyo de los dedos sobre piezas en esa forma.

ESPADA: Arma blanca, larga, recta, aguda y cortante. Arma blanca para herir preferentemente de punta. Sus partes principales son: Empuñadura, Hoja y Vaina.

ESPADERO: El que construye espadas.

ESPADIN: Recibe este nombre la espada de ceñir de hoja muy estrecha, que se emplea como elemento de uniformidad. De ceñir o de gala.

ESPIGA: Es la prolongación de la hoja hacia atrás, sin templar y que se forra con la empuñadura o guarnición, para facilitar el manejo del arma blanca.

FIADOR: Cordón de cuero o de tela, que sujeto a la empuñadura del sable o espada, se ata a la mano para evitar su pérdida durante el combate.

FILO: Arista o borde agudo de un instrumento cortante. ("Con capacidad de cortar").

FLACO: Véase Débil.

FUERTE: Primer tercio de la espada.

GALLONES: Resaltes transversales en el puño de armas blancas, para su mejor empuñadura.

GALLUELO: Parte terminal del Gavilán. Saliente en el lado posterior del guardamano.

GAVILÁN(ES): Cada uno de los hierros que salen de la guarnición formando cruz. Sirven para defender la mano y la cabeza de los golpes contrarios. Y también todas las cintas curvas en forma de S que en número variable forman parte del guardamano.

GUARDA: Protección de la mano que empuña el arma, mediante un aro que sube desde la cazoleta o platillo al pomo.

GUARDAMANO: Véase Guarda.

GUARDAPOLVO: Pedazo de cuero o de paño, colocado en la guarnición y que sirve para proteger el brocal.

GUARNICIÓN: Parte de un arma blanca que sirve para su manejo.

HOJA: Lámina metálica, que es la cuchilla de las armas blancas. En la Espada comprende: Fuerte, Medio, Débil, Pala y Punta. Filo, Lomo, Caras, Planos, Mesas, Vaceos, Recazo, Bigote, Bigotera, Canales, etc.

JUNQUILLO: Resalte de perfil ondulado y helicoidal, en el puño de las armas blancas.

LAZO: El adorno de metal imitando el lazo de cinta.

LIGADURA: Véase Seguro y Fiador.

LOMO: Borde de la hoja sin filo, situado al interior y en algunos casos también en el primer tercio al exterior. Puede ser redondeado o cuadrado. También, parte opuesta al filo, que no sirve para cortar.

MARCA: Señal de propiedad. Distintivo personal del espadero. Generalmente en el recazo, bigote. Las espadas japonesas llevan las marcas en la espiga.

MEDIO: Es el segundo tercio de la hoja en las armas blancas.

MESA(S): Superficie plana en una hoja de arma blanca.

MONTERILLA: Parte del Pomo, en forma de cola que cubre la parte posterior del Puño. Puede ser corrida, o sea, parte saliente del Pomo y llegar hasta la virola inferior. Nótese que algunos puños tienen, además, láminas metálicas o de otros materiales, para refuerzo o mejora de la sujeción y de ornamento. También, pieza que remata al puño, sobre la que se remacha la espiga de la hoja. Puede ser simple o corrida, algunos autores se refieren a ella como "Pomo".

PALA: Porción de la hoja, situada en el débil, próxima a la punta, de caras curvas o con mesas, lisa y por lo general, de doble filo.

PAVÓN, PAVONADO: Es la oxidación artificial de una superficie metálica, para su mejor protección y evitar reflejos

PERILLA: Remate superior del pomo, con forma de esfera sobre la que se remacha la espiga de la hoja.

PLANO: Superficie lisa. Vale por Mesa y por Cara.

POMO: Extremo de la guarnición. Está encima del Puño. Sirve para tenerlo firme y unido con la espiga.

PUÑO: Pieza que rodea la espiga y se sujeta. Sus partes son: Pomo, Monterilla, Virolas, Forro, Alambrado, etcétera.

PUNTA: Es el extremo final de las armas blancas. Puede ser agudo o redondeado. En ciertas espadas adopta formas diferentes.

RECAZO: Véase Bigotera o Bigote.

SABLE: Arma blanca, para herir de corte. Su hoja es curva. De filo corrido y lomo, igualmente, corrido. En algunos existe un corto contrafilo (en la Pala). Es de origen oriental.

SEGURO: En las armas blancas, de puño, es el gancho o anillo, colocado en la parte posterior de la guarnición (a veces interno) que sirve para introducir los dedos y mejorar la sujeción. También, botón que sujetaba o liberaba la hoja en la vaina.

TAHALI: Pieza o correa de cuero, cruzada desde el hombro derecho hasta el lado izquierdo de la cintura, que sostiene la espada o el puñal.

TARAMA: Americanismo, por empuñadura.

TORZAL: Hilo compuesto formado al retorcer sobre sí mismos dos o más sencillos. Se utiliza para forrar el puño.

TROFEO: Conjunto de armas e insignias militares agrupadas con cierta simetría.

VACEOS: Acanaladuras longitudinales más o menos anchas, en las caras de algunas armas blancas, sirven para aligerar su peso, sin quitarles resistencia.

VAINA: Forro que protege y en el que se guarda la hoja de la espada o sable. Generalmente suele ser metálico, de cuero, o madera.

VIROLA: Pieza anular que refuerza uno o los dos extremos del puño.

VOLUTAS: ornamento característico, en forma de espiral

PARTES PRINCIPALES DE LAS ESPADAS, LOS SABLES Y SUS VAINAS

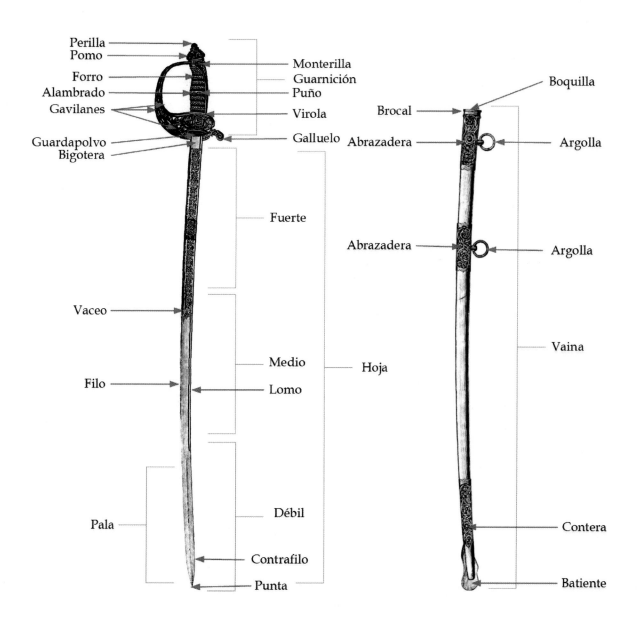

ANEXOS

Anexo A.- Reglamento provisional de "Uniformes para la Marina de Guerra Venezolana en su nueva organización", 15 de octubre de 1901.[36]

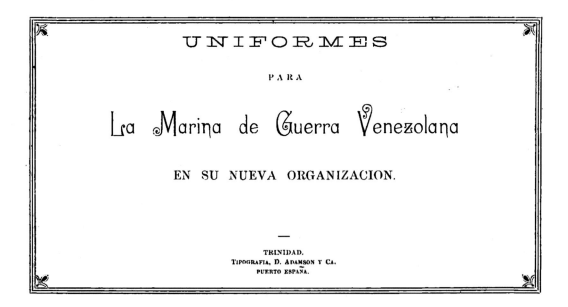

Uniformes para la Marina de Guerra Venezolana
En su Nueva Organizacion.

Los abajo firmados, en reunión ordenada por el General Alejandro Ybarra, Comandante en Jefe de la Armada Nacional, en el vapor de guerra Cañonero-Torpedero "Bolivar," para elaborar y someter á su aprobación un Proyecto de Ordenanza de Uniformes que usará la Armada Nacional provisionalmente. nos hemos constituido en Junta nombrando Presidente al Capitán de Navio Manuel M. Cotarro, Comandante de este buque, presentamos el que sigue.

Uniformes de Gala.

Serán los mismos á que se refiere el Artículo número 17, del Decreto de 7 de Agosto de 1865, Orgánico de la Marina Nacional, que dice así :

"Artículo número 17. Los Marinos, desde Capitán de Navio hasta Guardiamarina, vestiran el uniforme siguiente; Casaca y calzón azul turquí, con solapa, cuello, y vueltas de lo mismo y boton de anclas en las solapas, vueltas, carteras y faldillas ; chaleco con botones de ancla, corbata negra, espada ceñida, sombrero apuntado, y con el galon de oro.los Jefes y sin él los subalternos.

"Sus insignias militares serán las siguientes : el Capitán de Navio dos charreteras de canelón de oro ; el Capitán de Fragata una charretera de canelón á la derecha y. una espoleta á la izquierda ; el Primer Teniente dos charreteras de hilo de oro ; el Segundo Teniente .una charretera de canelón de oro en el hombro derecho ; el Guardiamarina dos espoletas de paño con vivos de oro."

---

[36] Colección del CN Ramón Rivero Núñez.

Uniformes de Media Gala.

ARTICULO I°. Los Jefes, Oficiales hasta Guardiamarinas inclusive, y los Ingenieros, usarán levita de paño azul, cruzada, cerrada, con solapa, con dos hileras de á cinco botones dorados, de ancla ; tres id. id. en cada bocamanga, y uno id. id. sobre cada hombro.

ARTICULO 2°. Las presillas para estos uniformes serán, para todos, de galón dorado de un centímetro de ancho y largo proporcional, distinguiéndose la diferentes graduaciones así.

Capitán de Navio : tres vueltas de galón dorado de un centímetro de ancho en las bocamangas y en la gorra ;

Capitán de Fragata : dos vueltas de galón dorado de un centímetro de ancho, en las bocamangas y en la gorra ;

Primer Teniente : una vuelta de galón dorado de un centímetro de ancho y dos hilos de oro ; uno á cada lado del galón y á distancia de medio centímetro de éste, en las bocamangas y en la gorra.

Segundo Teniente : tres hilos de oro ; á distancia de medio centimetro en las bocamangas y en la gorra ;

Guardiamarina : dos hilos de oro ; a distancia de medio centímetro, en las bocamangas y en la gorra ;

Primeros Ingenieros : tres galones de medio centímetro, en las bocamangas y en la gorra.

ARTICULO 3°. Los *Oficiales de Artillería* llevarán en las bocamangas y en la gorra las vueltas de galón dorado equivalentes con la graduación en el ejército.

ARTICULO 4°. Las gorras serán de paño azul con visera de patente y carrillera dorada ; llevando en ellas anclas doradas de dos centímetros de tamaño los Oficiales de Marina, estrella id. de cinco puntas y de uno y medio centímetro de diámetro los de máquina, y granada id. los de Artillería.

ARTICULO 5°. Para actos oficiales se usará con este traje, pantalón de dril blanco liso ; espada de marina, ceñida ; guantes blancos, corbata negra, calzado id.

Uniformes Diarios.

ARTICULO I°. Los Jefes, Oficiales, Ingenieros, y Clases, hasto Sargentos inclusive usarán uniforme de casimir azul ; pantalón y saco. Este último cruzado, cerrado, con cuello marino ; con dos hileras de á cinco botones dorados, de ancla ; tres id. id. en cada bocamanga, y uno id. id. en cada hombro.

ARTICULO 2°. Usarán gorra azul con visera de patente y carrillera dorada ; excepto las Clases que no podran usar sino carrillera de patente.

ARTICULO 3°. Con este traje deberá usarse corbata y calzado negros.

ARTICULO 4°. Los distintivos de las correspondientes graduaciones serán los siguientes :

Capitán de Navio : dos presillas de tres galones dorados de un centímetro de ancho ; y en la gorra una ancla dorada de dos centimetros de tamaño y tres vueltas de galón dorada de un centímetro de ancho.

Capitán de Fragata : dos presillas de dos galones dorados de un centímetro y en la gorra una ancla dorada y dos vueltas de galón.

Primer Teniente : dos presillas de un galón de un centímetro y un hilo de oro al lado del galón y en la gorra una ancla dorada y una vuelta de galón con dos hilos de oro.

Segundo Teniente : una presilla de un galón dorado de un centímetro en el hombro derecho y una presilla igual á la de los Guardiamarinas en el izquierdo. En la gorra una ancla dorada y tres hilos de oro.

Guardiamarina : dos presillas de paño azul fileteadas, con cordón dorado : gorra con ancla dorada y dos hilos de oro.

Primer Ingeniero : dos estrellas doradas, de cinco puntas y de uno y medio centímetro de diámetro en las solapas y una estrella igual y tres vueltas de galón dorado de medio centímetro en la gorra.

Segundo Maquinista : una estrella en la solapa derecha. En la gorra una id. id. y dos vueltas de galón de medio centímetro.

Tercer Maquinista : una estrella en la solapa izquierda. En la gorra una id. id. y una vuelta de galón dorado de medio centímetro.

Aspirantes á Maquinistas : tres vueltas de cordón dorado en la gorra. Estrella dorada de uno y medio centímetro de diámetro. Carrillera y visera de patente.

Aceiteros : usarán como distintivo una estrella dorada de uno y medio centímetro en la gorra. Esta, con visera y carrillera de patente.

Primer Contramaestre : dos galones dorados de medio centímetro y una ancla dorada debajo en esta forma   que irán colocados en el antebrazo derecho Gorra con ancla dorada de dos centimetros. Visera y Carrillera de patente.

Segundo Contramaestre : un galón y una ancla en la misma forma y posición de los Primeros. Gorra id. id.

Oficiales de Artillería : usarán las presillas correspondientes á sus respectivas graduaciones. En la gorra con visera de patente y carrillera dorada usarán distintivos iguales á los de la gorra para el traje de media gala.

Sargento Primero : dos galones dorados y una granada id. debajo en la misma forma y posición que los de los Contramaestres. Gorra con granada dorada, visera y carrillera de patente.

Sargento Segundo : un galón dorado y granada id. en la misma forma y posición de los Primeros. Gorra id. id.

Carpinteros y Calafates : dos galones dorados y un hacha id. debajo, en la misma forma y posición de los Contramaestres y Sargentos. Gorra con visera y carrillera de patente.

Despenseros : como Clases, podrán usar uniforme de la misma clase y gorra con carrillera y visera de patente ; pero no llevarán ningún distintivo.

Uniformes Blancos (Diarios.)

ARTICULO 1º Estos uniformes deben ser de dril blanco liso, cerrados. Con una hilera de cinco botones dorados, de ancla, tres id. id. en cada bocamanga y uno id. id. en cada hombro.

ARTICULO 2º Es de absoluta necesidad que en este traje use cada cual el distintivo de su cargo.

ARTICULO 3º Los Jefes, Oficiales é Ingenieros y maquinistas, usarán, cuando vistan de blanco, un forro blanco en la gorra que la cubra toda entera.

ARTICULO 4º Los Clases, en el caso á que se refiere el artículo anterior, usarán también un forro blanco en la gorra, pero que no cubra sino solamente el plato de ella.

ARTICULO 5º Es potestativo de los Comandantes de los buques autorizar el uso del calzado blanco para este traje.

ARTICULO 6º La corbata debe ser negra.

ARTICULO 7º El uniforme diario del resto del personal será de género blanco ó azul. Se compondrá de pantalón y camisa. Esta última con cuello marino y tres vueltas blancas en las bocamangas. Usará también gorra blanca ó azul con una cinta negra con el nombre del buque á que pertenezca.

ARTICULO 8º Los *Timoneles* usarán en el antebrazo derecho una rueda de timón de paño encarnado y de cinco centímetros de diámetro.

ARTICULO 9º Los *Cabos Primeros* llevarán dos galones de paño encarnado y una granada id. en la misma forma y posición de los Sargentos.

ARTICULO 10º Los *Cabos Segundos* llevarán un galón de paño y una granada id. en la misma forma y posición de los Cabos Primeros.

ARTICULO 11º El mencionado personal vestirá de azul de las 4 de la tarde á las 8 de la mañana y de blanco, de las 8 de la mañana á las 4 de la tarde.

ARTICULO 12º Para pasear en tierra vestirá de blanco.

ARTICULO 13º El calzado debe ser negro.

Disposiciones Complementarias.

ARTICULO 1º Cuando á bordo de un buque de la Armada haya dos individuos de la misma graduación, el que tenga mando superior usará en la solapa derecha un boton de un centímetro de diámetro bordado en seda con los colores de la bandera Venezolana.

Unico.—Ningún individuo que desempeñe un puesto á bordo podrá usar otro uniforme que el que corresponda á su empleo.

ARTICULO 2º Los Comandantes de buques de vela, hasta de cincuenta toneladas, usarán uniformes de Segundos Tenientes.

ARTICULO 3º Los Comandantes de buques de vela, de mas de cincuenta toneladas, usaran uniformes de Primeros Tenientes.

ARTICULO 4º Los Comandantes de buques de vapor hasta de cien toneladas, usarán uniformes de Primeros Tenientes.

ARTICULO 5º Los Comandantes de buques de vapor, de cien á trescientas toneladas, usarán uniformes de Capitanes de Fragata, siempre que la Artillería de estos sea de cuatro ó mas piezas.

ARTICULO 6º Los Comandantes de buques de vapor, de mas de trescientas toneladas, usarán uniformes de Capitanes de Navio, siempre que el buque que manden esté artillado con relación a su tonelaje. Si no lo estuviere, lo usarán de Primeros Tenientes.

ARTICULO 7º Los Segundos Comandantes de buques de vela hasta de cincuenta toneladas, si son Oficiales graduados, usarán uniforme igual al del Primer Comandante. Si nó lo fueren, lo usarán de Guardiamarinas.

ARTICULO 8º Los Segundos Comandantes de buques de vela, de más de cincuenta toneladas, si son oficiales graduados, usarán uniformes igual al del Primer Comandante. Si nó lo fueren, lo usarán de Segundos Tenientes.

ARTICULO 9º Los Segundos Comandantes de buques de vapor, hasta de cien toneladas, si son Oficiales graduados, usarán uniforme igual al del primer Comandante. Si nó lo fueren, usarán uniforme de Segundos Tenientes.

ARTICULO 10º Los Segundos Comandantes de buques de vapor, de más de cien toneladas, usarán, uniformes de Primeros Tenientes; exceptúanse á los de mayor graduación que podrán usarlos iguales á los del Primer Comandante; pero nunca un uniforme superior.

ARTICULO 11º Los grados á que se refieren los Artículos anteriores son los grados comprendidos desde Capitán de Navio hasta Guardiamarina.

Cañonero Torpedero "BOLIVAR"

Puerto España, Trinidad,
Octubre 24 de 1900.

Vocal:
LEOPOLDO V. PELLICER,
Capitán de Fragata.

El Presidente
MANUEL M. COTARRO,
Capitán de Navio.

Vocal.
ADOLFO PRINCE,
Capitán de Navio.

10

Vocal: Vocal:
    JOSÉ GARCÍA,   CIRIACO CAMPOS,
       Teniente de Navio.   *Capitán de Fragata.*
Vocal: *El Secretario,*
    ROMAN DELGADO CHALBAUD,   F. D. LANDAETA.
       Teniente de Navio.   *Capitán de Artillería.*
Cañonero Torpedero " BOLIVAR."
    Puerto España, Octubre 24 de 1900.

    Aprobado provisionalmente, mientras el Gobierno dicta la Ordenanza que deba regir definitiva-
mente.
    El Comandante en Jefe de la Armada de Venezuela.

                      ALEJANDRO YBARRA.

    Con fecha Febrero 26 de 1901, dispuso la Comandancia General de la Armada que, como no consta
en el anterior Reglamento, el uniforme que le corresponde al Primer Cocinero del buque, que lo usará
éste como de Clase, sin insignia alguna.

    Asimismo se dispuso con fecha 20 de Mayo de 1901, que los Jefes y Oficiales de la Armada
Nacional, podrán usar, además del uniforme blanco que se ordena en el Reglamento al efecto, el
uniforme de Corte Americano, pero siendo de rigor usar en él cada cual los distintivos correspondientes.

Ampliacion al Proyecto de Ordenanza de Uniformes Anterior.

    Por disposición del Comandante en Jefe de la Armada Nacional, se reunieron los abajo firmados,
en los dias 4, 5 y 21 de Junio del presente año, en la Cámara del Crucero "Restaurador" y bajo la
Presidencia del Capitán de Navio. MANUEL MONTEVERDE, y después de discutidos los puntos que se
pusieron en consideración acordaron ampliar el Proyecto de Ordenanza de Uniformes para la Marina
Nacional con los Artículos siguientes:

    Que se deben usar en los uniformes blancos, las insignias correspondientes á cada graduación de la
Marina, sobre las hombreras de paño azul oscuro á saber: los *Capitanes de Navio* tres barras de galón
dorado de á *un* centímetro de ancho; los *Capitanes de Fragata*, dos barras de galón de á *un* centímetro;
los *Primeros Tenientes de Navio*, una barra de á *un* centímetro; los *Segundos Tenientes* tres cordones
dorados y las *Guardiamarinas* dos cordones dorados. Estas insignias se usarán atravesadas en las
hombreras, tal como indicará el diseño que se mandará a cada buque.

    Los Jefes y Oficiales de Artillería llevarán las presillas que les corresponden en el Ejército, por lo
tanto queda suprimido el Art. 3º del Proyecto de Ordenanza que rige y que dice así:

    "ARTICULO 3º Los Oficiales de Artillería llevarán en las bocamangas y en la gorra las vueltas
de galón dorado, equivalentes con su graduación en el Ejército."

    Se suprime terminantemente el uso de los laureles en la Armada Nacional.

    Los Primeros y Segundos Comandantes de buque llevarán como distintivo de la Marina Nacional,
el escudo cruzado con un ancla; los demás Oficiales de Marina llevarán el otro distintivo, según se
vé en el diseño al efecto.

    Los Primeros Ingenieros llevarán el mismo número de galones dorados que usan los Comandantes
de sus buques, *pero de medio centímetro de ancho.*

    Los Segundos Ingenieros usarán un galón menos que los Primeros y los Terceros Ingenieros
llevarán uno menos que los Segundos.

    Las Insignias para los uniformes azules de diario, serán las mismas que llevan las hombreras, para
los Comandantes y Oficiales.

Crucero " RESTAURADOR,"   El Presidente
    Puerto España, Junio 21 de 1901.   MANUEL MONTEVERDE,
                                      Capitán de Navio.

Vice Presidente   Vocal:
    MANUEL M. COTARRO,   J. M. FOSSA,
       Capitán de Navio.   *Capitán de Fragata.*

Vocal: Vocal:
    RAFAEL FUENTES,   R. DELGADO CHALBAUD,
       Capitán de Navio.   *Teniente de Navio.*

Vocal: Vocal:
    J. B. RODRIGUEZ G.,   RAFAEL VARGAS,
       Teniente de Navio.   *Coronel de Artillería.*

El Secretario,
    MARIO CAPRILES.

    Adición: Los Aspirantes, y Aprendices, usarán uniforme de Clases, sin insignia alguna; y el traje
de marinero para los ejercicios y diario en el buque.

Cañonero Torpedero " BOLIVAR,"
    Puerto España, Trinidad,
         Octubre 15 de 1901.

    Aprobado provisionalmente, mientras el Gobierno dicta la Ordenanza que deba regir definitivamente.
    El Comandante en Jefe de la Armada de Venezuela.

                      ALEJANDRO YBARRA.

Anexo B.- Página suplementaria de Sables, Espadas y Dagas (pág. 18A) del catálogo de la firma N. S. MEYER, Inc., New York.[37]

- Sable "Ghersy Gómez" – X-379
- Sable "Cipriano Castro IV" – X-383
- Sable "Ramón Díaz Flores" – X-386
- Sable/Bayoneta "M-71 Hirschfanger" – X-391
- Daga del Cadete Naval – X-396

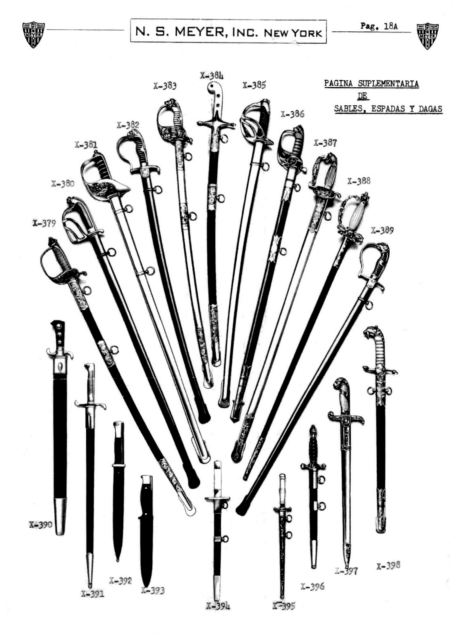

[37] Páginas de catálogos de espadas y sables de empresas proveedoras de la Armada de Venezuela. Legajo del Archivo General de la Nación No. AGN No. 03-01-1.5-A-0652.

Anexo C.- Página de "Sables y Espadas" (pág. 48) del catálogo de la firma Paul G. Gallin, Co.[38]

Espada "Antonio Picardi" - X- 320

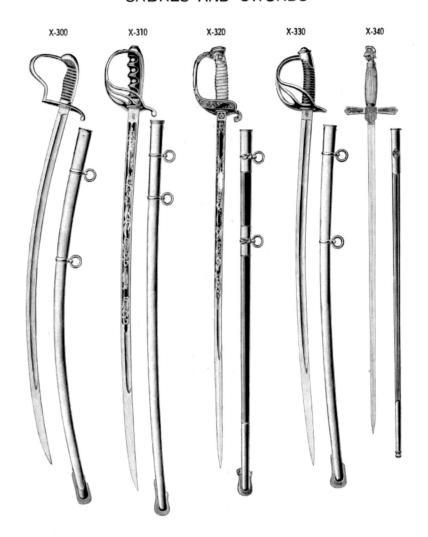

SABRES AND SWORDS

X-300   X-310   X-320   X-330   X-340

· 48 ·   PAUL G. GALLIN CO.

---

[38] Páginas de catálogos de espadas y sables de empresas proveedoras de la Armada de Venezuela. Legajo del AGN No. 03-01-1.5-A-0652.

Anexo D.- Página del catálogo de la firma Carl Eickhorn, Solingen, Alemania.[39]

- Sable "Gomero" – 1364

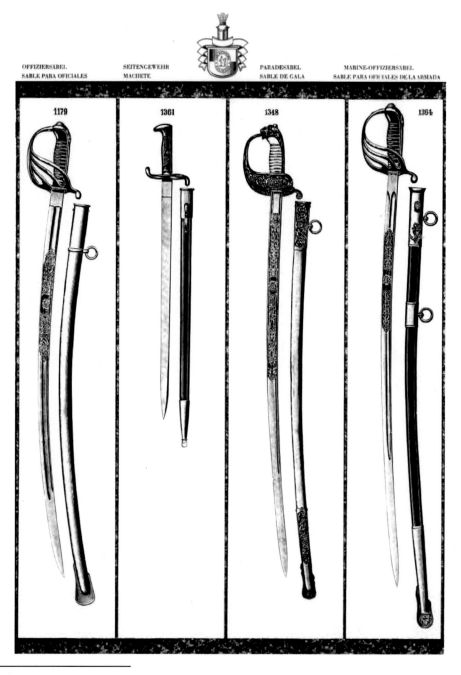

---

[39] Páginas de catálogos de espadas y sables de empresas proveedoras de la Armada de Venezuela. Legajo del AGN No. 03-01-1.5-A-0652.

Anexo E.- página del catálogo de la firma Carl Eickhorn, Solingen, Alemania.[40]

- Sable "Cipriano Castro I"   – 92 (origen del sable "Ghersy Gómez")
- Sable "Cipriano Castro II" – 958
- Sable "Cipriano Castro III" – 959
- Sable "Cipriano Castro IV" – 960

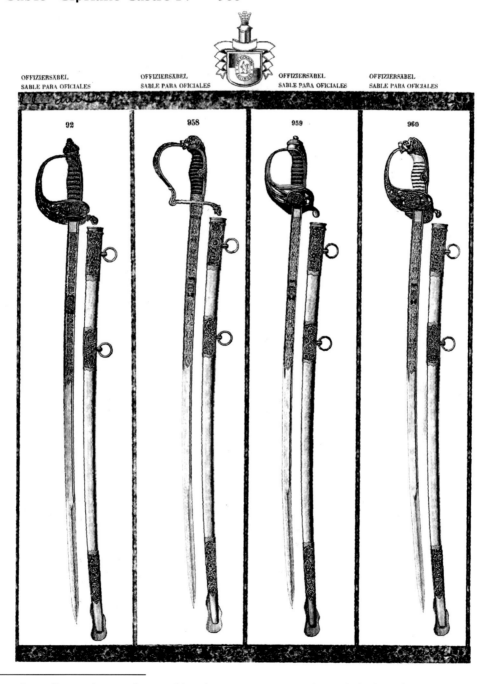

---

[40] Páginas de catálogos de espadas y sables de empresas proveedoras de la Armada de Venezuela. Legajo del AGN No. 03-01-1.5-A-0652.

Anexo F.- Documento de adquisición de 100 sables del tipo "Gomero" a la firma DIA "Deutsch–Ibero–Amerikanische" a través de su representante en Venezuela Walter Nielsen Reyes, el 29 de junio de 1931.[38]

---

[38] Legajo del AGN No. 03-01-1.5-A-0652.

SR. General Ministro de Guerra, etc., PAG. 2   FECHA 29/VI/1932.

por la excelencia del acero, dorado, niquelado y en general todo el trabajo. Los escudos que llevan los sables son hechos con cuños nuevos del
escudo que el Ministerio requiere. La casa hace notar muy justificadamen-
te que los modelos dados por el Ministerio no llevan marca alguna de pro-
cedencia por consiguiente no pueden ser garantizados por nadie. En cambio las entregadas actualmente llevan las marcas de la fábrica y de la casa
para mayor garantía. Esta fábrica(Coppel) es la única proveedora de aceros
al Reichswehr y como la autorización para proveer al Ejército Alemán de sables es única y por esta razón tiene precios muy subidos. La casa DIA a fín
de entregar un material de excelente calidad no se ha fijado en el elevado
costo de este artículo y mandó forjar todo en la mencionada fábrica Coppel.
Los sables enviados por el Ministerio han debido ser trabajados en una fábrica de segundo orden que no ha querido ni marcar su nombre por no tener
después ninguna responsabilidad. El uso que se dará a estas nuevas prendas
demostrará practicamente la superioridad de ellas.

FACTURA Nº12

Correajes de charol blanco.-La suavidad y flexibilidad de las prendas entregadas demuestran claramente que se trata del mejor cuero de charol blanco,
recién salido de la fábrica y confeccionado con mucho esmero. Se utilizó un
cuero de charol completamente fresco y de primera calidad. Con su tiro y porta-sable, de guarnición dorada totalmente y con el escudo plateado que puede
ser desatornillado a voluntad. Para la mejor confección de estos artículos
se solicitó los servicios de un perito especial de la Cámara Industrial alemana en el ramo de cueros.

100 Correajes para sables de Marina.-Estas prendas han sido embarcadas junto
con los sables pero en un cajón aparte porque no era aconsejable embarcar
aceros y prendas de cuero muy finas como son estos correajes en uno solo.Son
artículos trabajados en cuero entero con forro de paño azul, con porta-sable
y tiro acharolado por los dos lados, con chapa de marina, toda la guarnición
muy bien dorada y en los tamaños indicados por ese Ministerio.

FACTURA Nº10

1500 pares presillas negras.-Estas presillas han sido trabajadas de un tren-
zado de seda negra redondo y su confección es a la mano. Tomando cuidado de
comparar las mismas muestras presentadas por la casa con aquellas últimamente
entregadas se observará fácilmente que se ha tomado el cuidado de que superen
aún a nuestras propias muestras. Vienen con sus respectivos forros de paño y
en la proporción de vivos pedidos.

Esperando que todas las entregas hasta ahora efectuadas sean
del agrado y satisfacción plena de ese Ministerio, insinuaríamos al señor Ministro nos diera su parecer en este particular a fín de comunicar a su vez a
la casa DIA que se encuentra deseosa de obtener tan valiosa opinión.

Reiteró al señor General Ministro de Guerra y Marina mis con-
sideraciones de mayor respeto y estimación, suscribiéndome atento seguro ser-
vidor.

pp "D I A "
Deutsch-Ibero-Amerikanische
Handels-Gesellschaft m.b.H.

Anexo G.- Cotización de la firma Krajewski–Pesant Manufacturing Corporation, New York, por las espadas "Felipe Larrazábal I y II", del 11 de diciembre de 1936.[39]

KRAJEWSKI-PESANT MANUFACTURING CORPORATION

MANUFACTURERS AND ENGINEERS

COMPLETE EQUIPMENT FOR CANE SUGAR FACTORIES

227-229 FULTON STREET

NEW YORK

TELEPHONE
7-5529
BARCLAY 7-1560

CABLE ADDRESS "KRAPESANT"

AIR MAIL

11 de Diciembre de 1936.

Coronel Isaias Medina A.
Ministro de Guerra y Marina
Ministerio de Guerra y Marina,
Caracas, Venezuela.

Mi Coronel:

De acuerdo con sus instrucciones, he averiguado precios, los cuales me es grato comunicarle como sigue:

Gorras Blancas para Oficiales de Marina	a $3.50	o' sea Blvrs.		14.77
" " " Clases	a 3.25	" " "		12.77
Galones Dorados " Oficiales p.yda.				
14 m.m.	a .30	" " "		1.179
9 m.m.	a .25	" " "		0.9825
6 m.m.	a .20	" " "		0.786
Carrilleras Doradas 1ra.Calidad Garantizada	2.00	" " "		7.86
" " Segunda Clase	1.00	" " "		3.93
Sables para Oficiales Superiores de Marina (enchape de Oro)	22.00	" " "		86.46
Sables para Oficiales Sub-alternos clase cte.	19.00	" " "		75.67
Correajes de Cuero Legitimo para Oficiales de Marina	5.85	" " "		23.00
Lona especial para Toldo Khaki 15.16 oz. p. yarda 28" ancho	a yd. .36½	" " "		1.43
Lonia No.4 para Velamen 22 " ancho	" .33	" " "		1.29
" " 6 " " "	" .30	" " "		1.179
" " 8 " " "	" .27¼	" " "		1.071
" " 10 " " "	" .23	" " "		0.904
" " 12 " " "	" .19	" " "		0.747
Remos Primera Calidad (Terminados a mano)	$2250.	" " "		8842.--
660 remos precio promedio	c/u 3.41	" " "		13.4

Todo el material arriba especificado es de Primera Calidad y ajustado a los Reglamentos de la Armada Ameircana para quienes son suplidores los fabricantes cuyos precios le paso, y cuyo material he inspeccionado yo mismo.

Los precios para la Lona los encuentro muy aceptables sobre todo los de la lona para toldo que es una lona que garantizan a prueba de tiempo. Estoy seguro de que esta lona tiene que darnos mucho mejor resultado que la que hemos venido usando hasta ahora con la cual ha habido que hacer cambio de toldo todos los anos.

En cuanto a los remos tambien tengo la seguridad de que son mucho mejor calidad que los que hemos adquirido hasta ahora, resultando aunque el precio parezca elevado, que indiscutiblemente traeran utilidades al final.

QUOTATIONS SUBJECT TO CHANGE WITHOUT NOTICE. CONTRACTS SUBJECT TO STRIKES, ACCIDENTS OR CAUSES BEYOND OUR CONTROL. GOODS PROVEN TO BE DEFECTIVE WILL BE REPLACED BUT NO CLAIMS FOR DAMAGES INCURRED OR FOR WORK DONE THEREON WILL BE ALLOWED.

---

[39] Legajo del AGN No. 03-01-1.5-A-0652.

2

Nueva York, N.Y.
11 de Diciembre de 1936.

Coronel Isaias Medina A, Caracas, Venezuela.

Los sables son infinitamente de mucho mejor calidad que los que se han comprado hasta ahora de la casa Dia.

Los correajes son de cuero legitimo e indiscutiblemente debe de durarle uno por lo menos 4 años a todo oficial.

Todo este material podria embarcarse inmediatamente, lo que significaria que a mas tardar dentro de 15 a 20 dias estaria en Puerto Cabello. Asi mismo los precios son C.I.F. Pto. Cabello.

En espera de su gratas ordenes, quedo de Ud.,

Atto. S. S. y amigo,

F.Larrazabal.

FL/V

Anexo H.- Cotización de la firma Fratelli-Scuotto Fu Luigi, Nápoles, de espadas similares a las "Felipe Larrazabal I y II" del 21 de enero de 1938.[40]

FUENTES

Papeles y Archivos Personales

Rivero Blanco, Ramón:
1) Expediente personal del CN Ramón Rivero Núñez.
2) Colección fotográfica del CN Ramón Rivero Núñez.
3) Documentos inéditos de Nieves Elena Blanco de Rivero.
4) Blanco de Rivero, Nieves Elena: Algunos datos sobre la vida de papá y mamá, escritos sueltos (inéditos), 1983.
5) Apuntes Biográficos del CF Ramón Díaz.
6) Documentos de la vida profesional del CN Ramón Rivero Núñez.

Sosa Larrazábal, Gustavo:
1) Expediente personal de Ricardo Sosa Ríos, 16 tomos.
2) Colección fotográfica de Ricardo Sosa Ríos (100 imágenes)

Bracho Palma, Jairo Axel:
1) Archivo de Jairo Bracho Palma.
2) Colección fotográfica de Jairo Bracho Palma.

Colecciones Oficiales

ASTILLERO NACIONAL "RESTAURADOR", **Album Ilustrando la obra trascendental del Dique Flotante "General Cipriano Castro" y Astillero Nacional "Restaurador"**, Puerto Cabello, Valencia, 1907.

PADRON WELLS, G., **Revista Militar y Naval**, Caracas, 1906, N° 15.

MINISTERIO DE GUERRA Y MARINA, **Revista Ejército, Marina y Aeronáutica,** 1935, N° 46, 98-99, 1940, N° 109, 122-129, 1941, N° 121, 340-341.

MINISTERIO DE LA DEFENSA, **Revista de las Fuerzas Armadas**, Caracas, 1957, No. 133.

ESCUELA NAVAL DE VENEZUELA, **Revista El Galeón**, julio de 1964, N° 1.

MINISTERIO DE GUERRA Y MARINA, **Memoria y Cuenta**, 1915.

PRESIDENCIA DE LA REPUBLICA, **Boletín del Archivo Histórico de Miraflores, Documentos sobre la Revolución Restauradora, 1899**, Imprenta Nacional, Caracas, 1959, números 1-2.

_____, **Boletín del Archivo Histórico de Miraflores, Después del Bloqueo**, Caracas, 1991, N° 133-135.

_____, **Boletín del Archivo Histórico de Miraflores,, La Escuadra Venezolan**a, Caracas, 1965, N° 35 y 36.

_____, Boletín del Archivo Histórico de Miraflores,, Papeles de 1900, Caracas1965, N° 35-36.

FUENTES BIBLIOGRÁFICAS

ALCANTARA BORGES, Armando, **Evolución Histórica del Cartucho Metálico en la Fuerza Armada de Venezuela**, C. M. B. de Naguanagua, Venezuela, 2006.

_____, **Evolución Histórica de la Bayoneta en la Fuerza Armada de Venezuela**, C. M. B. de Naguanagua, Venezuela, 2009.

_____, **Evolución Histórica de las Armas Portátiles en la Fuerza Armada De Venez**uela, C. M. B. de Naguanagua, Venezuela, 2010.

_____, **Naguanagua en la Independencia Nacional**, C. M. B. de Naguanagua, Venezuela, 2011.

BARROSO ALFARO, Manuel, **La Espada de Bolívar**, ExLibris, Caracas, 1991.

BEZDEK, Richard H., **American Swords and Sword Make**rs, Paladin Press, USA, 1994.

_____, **American Swords and Sword Makers II**, Paladin Press, USA, 1999.

_____, **German Swords and Sword Makers. Edged Weapons Makers from the 14th to the 20th Centuries**, Paladin Press, USA, 2000.

_____, **Swords and Sword Makers of England and Scotland**, Paladin Press, USA, 2003.

BLANCO DE RIVERO, Nieves E. **La Guayra, Viento Veloz de Fuego**, Rivero Blanco Editores, USA, 2010.

BRACHO PALMA, Jairo, **Los Sueños Rotos. La Historia de los Delgado-Chalbaud**, Editorial Intenso, Caracas, 2010.

_____, **Iconología Naval Venezolana - La imagen y el símbolo en 200 años de historia**, editorial Intenso, Caracas, 2011.

_____, **Hombres de Hierro**, editorial Intenso, Caracas, 2011.

BURTON, RICHARD F., **The Book of Sword**, DOVER PUBLICATIONS, INC., USA, 1987.

CRESPO, Perfecto, **Memorias de un Soldado Trujillano**, Ediciones Presidencia de la República, Caracas, 1993.

CUERVO PRADA, César Ramón, **Tradiciones Navales**, Armada de Venezuela, Caracas, 1996.

DE SOLA RICARDO, Ricardo, **A los 150 Años del Traslado de los Restos del Libertador**, Banco del Caribe, 1992.

DE QUESADA, A. M., HICKOX, R. G., **Eickhorn Edge Weapon Exports, Vol. I, Latin America,** Pioneer Press, USA, 1996.

FERNANDEZ, Carlos Emilio, **Hombres y Sucesos de mi Tierra**, Tipografía Vargas, Caracas, 1960.

FINER, P., FINER, R., WOOD, S., **Coleção Brennand de Armas no Castelo São João**, Lawrence & Company, GB, 2001.

FOULKES, C. F., HOPKINSON, E.C., **Sword, Lance and Bayonet**, Arms And Armour Press, GB, 1967.

ITRIAGO. Miguel Angel, **Cuando Bolívar Entrevistó a Chungapoma**, Amazon, USA, 2015.

LANDAETA ROSALES, Manuel, **Espadas Históricas de Venezolanos Notables**, Imprenta Bolívar, Caracas, 1908.

LEON D'ALESSANDRO, GB (Av.) F.J., **Nuestro Patrimonio II - Armas y Uniformes**, Dibari Mac, Venezuela, 2002.

MARIÑO BLANCO, Tomás, **Los Buques de la Armada Venezolana**, Ministerio de la Defensa, Caracas, 2006.

MARTINEZ, Francisco Antonio, **Episodios de la Historia Naval de Venezuela** en Crónica de Caracas, Caracas, s/e., 1960, V.10, números 51-58.

MCGRATH, John, **Swords for Officers of the Royal Navy**, The Royal Navy Amateur Fencing Association, GB, 2004.

MORIN, Marco, **Guia de Armas Antiguas**, GRIJALBO, España, 1984.

MUJICA GALLO, Miguel, **Museo de Armas Pabellon de Caza**, Museo del Oro, Perú, S/F.

OCETE RUBIO, Rafael, **Armas Blancas en España**, Edimat Libros, S. A., España, 1999.

PEREZ LECUNA, Roberto, **Apuntes para la Historia Militar de Venezuela, Tomo I**, Editorial El Viaje del Pez, Valencia, 2010.

_____, **Apuntes para la Historia Militar de Venezuela, Tomo II**, Editorial El Viaje del Pez, Valencia, 2010.

_____, **Apuntes para la Historia Militar de Venezuela, Tomo III** (Inédito), Editorial El Viaje del Pez, Valencia, 2010.

PEREZ TENREIRO, Tomás, **Espadas**, Academia Nacional de la Historia, Caracas, 1992.

_____, **Relatos de mi Andar Viajero**, Academia Nacional de la Historia, Caracas, 1988.

PETERSON, Harold L., **The American Sword 1775-1945**, Ray Riling Arms Books Co. Inc. USA, 1996.

RAHN COSÍMI, Ernesto, **Memorias de un Marino Venezolano (1933-1948)**, Imprenta Naval, Caracas, s/f.

RIVERO BLANCO, Ramón A. y otros, **El Legado del CC Ramón Díaz – Historia de la Marina de Guerra de Venezuela de principios del Siglo XX**, Rivero Blanco Editores, USA, 2013.

SOSA RIOS, Ricardo, **Mar de Leva**, Edreca Editores, Caracas, 1979.

SOUTHERN, Pat, **The Roman Army: A Social and Institutional History**, Oxford University Press, GB, 2007.

STEFANSKI, C., STEFANSKI D., **Officer Swords Of The German Navy 1806-1945**, Schiffer Military History, USA, 2001.
STEPHENS, Frederick J., **Fighting Knives**, Arms and Armour Press, GB, 1985.
TUITE, Peter, **U.S Naval Officers their Swords and Dirks**, Andrew Mowbray Inc., Publishers, USA, 2004.
TOLEDO MOMPARLER, Vicente, **Espadas Españolas Militares y Civiles del Siglo XVI al XX**, Print Rafa Sanz, S.L., España, 2010.
VARIOS autores, **Diccionario de Historia de Venezuela**, Fundación Polar, Caracas, 1998.
WITHERS, H. J. S., CAPWELL, Dr. Tobias, **The Illustrated World Encyclopedia of Knives, Swords Spears & Daggers**, Lorenz Books, GB, 2010.

FUENTES HEMEROGRÁFICAS

REVISTAS

Revista **Navy & Army Illustrated,** 31 de enero de 1903, págs. 497 a 498.

PERIÓDICOS

Diario **Daily Free Press, Carbondale, Illinois**, 12 de septiembre de 1925, pág. 3.

ENTREVISTAS

BRACHO PALMA, JAIRO:

1) Entrevista al Contralmirante Ricardo Sosa Ríos, Caracas, 1997.
2) Entrevista al CN Carlos Taylhardat Sotillo, Caracas, 1997.
3) Entrevista al CA Enrique Domínguez García, 1997.

RIVERO BLANCO, RAMÓN A.

1) Entrevista al VA Julio C. Lanz Castellano, 2014.
2) Entrevista al VA Julio Chacón Hernández, 2015.
3) Entrevista al CA Gustavo Sosa Larrazábal, 2014.
4) Entrevista al CA José Manuel Jiménez Roger, 2014.
5) Entrevista al Dr. Francisco Javier Nieves-Croes Aguirre, 2014.
6) Entrevista al Dr. Bayardo Ramírez Monagas, 2014.
7) Entrevista al Dr. y Cnel. Fernando Falcón Veloz.
8) Entrevista al CN Ricardo Rhuma Ríos, 2014.
9) Entrevista al CN Norman Rodríguez Arias, 2014.

10) Entrevista al CN Tomás Mariño Blanco, 2013.

11) Entrevista al CN Pedro San Miguel Zataraín, 2014.

12) Entrevista al Ing. Gastón Fortoul, 2014.

13) Entrevista al Cap. Luis Carvallo, 2014.

14) Entrevista a la Señora Ercilia de Elías Ugueto, Caracas, 2014.

15) Entrevista a la Señora Berta Mercado de Kepp, Caracas, 2014.

16) Entrevista al publicista Gonzalo Veloz Blanco.

CRÉDITOS FOTOGRÁFICOS Y DE ILUSTRACIONES

FOTÓGRAFOS	FOTOGRAFÍAS (PAGINAS)
Maiskell Sánchez	Portada, 12, 13, 15, 25, 30 y 31, 34, 38, 40 y 44, 45, 48 y 49, 52, 53, 55, 66 y 67, 69, 70, 71 sup., 72, 74, 76 y 77, 79, 81, 84 sup., 96 y 97, 99, 100, 102, 104 y 105, 109, 110, 120, C/Portada inf.
Ramón A. Rivero B.	29, 39, 47, 58 y 59, 61, 62, 64, 65, 71 inf., 72, 83, 84 inf., 85, 86 y 87, 91, 93, 112, 114, 115, 117, 118, 119 inf.121, 122 y 123, 125, 126, 127, 129, 130, 131, 132 y 133, 135, 136, 137, 138, 139, 142 y 143, 146, 147, 148, 149, 150, 152, 154 y 155, 159
Ricardo De Sola R.	167

PUBLICACIONES

Revista "Navy & Army Illustrated"	32 (1902), 35 sup. (1902)
Revista "Militar y Naval"	144, 151 (1906), C/Portada sup.
Memoria de Guerra y Marina	149 (1915)
El Nuevo Diario	134 (1916)
Revista "Ejército, Marina y Aeronáutica"	14 (1932)
Revista de las "Fuerzas Armadas"	82 sup. (1953), 88 (1957), 95 (1955), 119 sup. (1947)
Robert Wilkinson-Latham, (http://www.swordforum.com)	35 inf. (2007)
Revista "El Galeón"	75, 111 inf., 113, 116 (1967)

COLECCIONES

EL AUTOR

Ramón A. Rivero Blanco es un apasionado investigador y conferencista de la historia de la Marina de Guerra de Venezuela de finales del siglo XIX y el siglo XX.

Fundador de la firma "Rivero Blanco Editores", ha sido coautor de libros como el "Legado del Capitán de Corbeta Ramon Díaz: Historia de la Marina de Guerra de Venezuela de inicios del siglo XX", 2013, con Julio Chacón Hernández, Edgar E. Blanco Carrero y Jairo A. Bracho Palma y de "Crucero Isla de Cuba al servicio de la Armada de tres países", 2014, con el investigador naval Félix Blanco.

Ha editado numerosos libros, entre ellos, "Historias Marineras y Algo Más...", 2014, escrito por el vicealmirante Julio César Lanz Castellano; "Los Sueños Rotos: Historia de los Delgado Chalbaud", 2011 y "Hombres de Hierro: Tomo I", 2012, escritos por el historiador naval y capitán de navío Jairo Bracho Palma; Reflexiones sobre Estrategia Marítima en la Era de la Libertad de los Mares", 2012 escrito por el capitán de navío Edgar Blanco Carrero y "De Babor a Estribor", dos tomos, 2012, escrito por el periodista Alfredo Schael y el investigador Fabián Capecchi.

CONTENIDO

Esta cuarta edición, revisada, corregida y ampliada del libro *Espadas y Sables de la Armada de Venezuela – Siglo XX*, escrita por Don Ramón A. Rivero Blanco, fue concluida en Caracas a los catorce días del mes de diciembre festividad de San Juan de la Cruz del año de gracia de 2017.

LAUS DEO

Made in United States
Orlando, FL
12 January 2024

42415516R00111